... Títulos relacionados

SSCM0108 LIMPIEZA DE SUPERFICIES Y MOBILIARIO EN EDIFICIOS Y LOCALES

[DISPONIBLE CERTIFICADO COMPLETO]

Solicítalos en:
- Librería
- www.paraninfo.es
- Solicitudes nacionales +34 914 463 350
- Solicitudes fuera de España +34 913 308 907, +34 913 308 919

Limpieza de cristales en edificios y locales
MF1087_1

Laura Martell Siles

© 2025 Ediciones Paraninfo, S. A.

© 2025 Laura Martell Siles

Maquetación: Diseño & Control Gráfico

Impresión: Ulzama Digital (Huarte, Navarra)
ISBN: 978-84-283-7250-3
Depósito legal: M-12011-2025

Impreso en España

Laura Martell Siles comienza a trabajar en el sector de los recursos humanos desde muy joven, aunque su verdadera vocación siempre había sido dedicarse a ayudar a los demás. Por este motivo, realiza la diplomatura en Trabajo Social, obteniendo el premio extraordinario de fin de carrera de su promoción. Al poco tiempo, comienza a desempeñar su labor como trabajadora social en una conocida entidad de acción social mientras continúa formándose como mediadora familiar, otra de sus grandes pasiones. En la actualidad, compagina su trabajo de mediadora con la redacción de manuales para cursos de certificados de profesionalidad.

Índice

Introducción normativa

La Ley Orgánica 3/2022, de 31 de marzo, de ordenación e integración de la Formación Profesional, contiene una disposición derogatoria única que afecta a la regulación de los certificados de profesionalidad, ahora denominados **Certificados Profesionales**. La referida normativa deroga la Ley Orgánica 5/2002, de 19 de junio, de las Cualificaciones y de la Formación Profesional, y abre un escenario de cambios que se irá implementando progresivamente.

La Ley Orgánica 3/2022, de 31 de marzo, de ordenación e integración de la Formación Profesional implica que toda la formación es acumulable. La oferta formativa se estructura de forma escalonada, siendo los Certificados Profesionales un nivel intermedio (Grado C) de una escala que va desde el Grado A hasta el E.

En los artículos 35 a 38 de la Ley 3/2022 se describe en qué consisten estos Certificados Profesionales: su oferta, formación asociada, estructura, duración, acceso, titulación y validez. Posteriormente, esta normativa se completa con lo dispuesto en el Real Decreto 659/2023, de 18 de julio, que desarrolla la ordenación del sistema de Formación Profesional. Concretamente en los artículos 67 a 81 es donde se hace referencia a la oferta formativa de Grado C, correspondiente a los Certificados Profesionales.

Están agrupados en 26 familias profesionales con características comunes del sector. En la actualidad hay más de medio millar de Certificados Profesionales incluidos en el Repertorio Nacional. Esta cifra no deja de crecer. Además, cada certificado está específicamente regulado por un real decreto.

Un Certificado Profesional corresponde al Grado C de la oferta del Sistema de Formación Profesional. Es un documento oficial, con validez en todo el territorio nacional y debe constar en el Catálogo Nacional de Ofertas de Formación Profesional, que certifica la capacitación para el desarrollo de una actividad profesional.

Debe detallar los módulos profesionales superados y los estándares de competencia profesional asociados a él e incluidos en el **Catálogo Nacional de Estándares de Competencias Profesionales**, así como su correspondencia con el Marco Español de Cualificaciones.

Despliegan su validez en un doble ámbito, laboral y académico:

- En el contexto laboral tienen validez profesional, porque acreditan las competencias en una determinada profesión. Para poder trabajar en algunas profesiones, se exigen determinadas cualificaciones, y los certificados sirven para acreditarlas.

- Asimismo, tienen validez académica, puesto que permiten continuar un itinerario formativo siempre que se cumplan los requisitos de acceso para cursar la titulación deseada. De tal modo que, los Certificados Profesionales que sean parte de un Grado D permitirán la matrícula modular para completar los módulos establecidos en el currículo y obtener el correspondiente título de técnico básico, técnico o técnico superior con validez en todo el territorio nacional.

Para obtener un Certificado Profesional (Grado C) es preciso cumplir con los requisitos de acceso para realizar la formación.

Estructura de los Certificados Profesionales

I. Identificación: denominación, familia y área profesional a la que pertenecen; nivel de cualificación profesional (1, 2 o 3); cualificación profesional de referencia; entorno profesional y módulos formativos que esté previsto cursar junto con la duración de cada uno de ellos.

II. Perfil profesional: incluye las competencias profesionales requeridas en el mercado laboral. En todas ellas se concretan las realizaciones profesionales y los criterios de realización.

III. Formación: describe los módulos formativos que esté previsto cursar para adquirir las competencias requeridas. En cada uno de ellos se indican las capacidades que se pretenden alcanzar y la duración del módulo de prácticas no laborales —PNL—, para el que cabe solicitar exención si se cumplen determinados requisitos.

IV. Prescripciones de las personas formadoras.

V. Requisitos mínimos de espacios, instalaciones y equipamiento.

Los Certificados Profesionales se identifican con una denominación concreta y un código alfanumérico propio, y sirven para acreditar una determinada cualificación profesional. Cada certificado está asociado a una relación de unidades de competencia que, a su vez, se vinculan con una serie de módulos formativos específicos. Algunos módulos están integrados por unidades formativas y tanto unos como otras son, en ocasiones, transversales, lo que significa que se trata de contenidos incluidos en más de un Certificado Profesional.

Los Certificados Profesionales se articulan en tres niveles de competencia profesional (1, 2 y 3) conforme a lo dispuesto en el que será el Catálogo Nacional de Estándares de Competencias Profesionales, anteriormente Catálogo Nacional de Cualificaciones Profesionales (CNCP), según los criterios establecidos de conocimientos, iniciativa, autonomía y complejidad de las tareas, en cada una de las ofertas de Formación Profesional.

La oferta formativa dirigida a la obtención de los Certificados Profesionales tiene carácter modular para favorecer la acreditación parcial acumulable de la formación recibida y posibilitar así el avance en el itinerario de Formación Profesional para cualquiera que sea la situación laboral de cada persona en cada momento.

En definitiva, el Grado C constituye la oferta, parcial y acumulable, del sistema de Formación Profesional, de varios módulos profesionales del catálogo modular de Formación Profesional por razón de su significado en el mercado laboral y conducente a la obtención de un Certificado Profesional.

Las ofertas de Grado C de Formación Profesional tendrán por objeto módulos profesionales incluidos previamente en el catálogo modular de formación profesional y asociados al Catálogo Nacional de Estándares de Competencias Profesionales.

Finalidad de los Certificados Profesionales

- Contribuir a la ordenación de un Sistema de Formación Profesional al servicio de un régimen de formación y acompañamiento profesionales que sea capaz de responder con flexibilidad a los intereses, expectativas y aspiraciones de cualificación profesional de las personas a lo largo de su vida.

- Combinar escuela y empresa situando a la persona en el centro del sistema.

- Facilitar el aprendizaje permanente de toda la ciudadanía mediante una formación abierta, flexible y accesible, estructurada de forma modular, a través de la oferta formativa asociada al certificado.

- Acreditar las cualificaciones profesionales o las unidades de competencia recogidas en estas, independientemente de su vía de adquisición, bien sea a través de la vía formativa, o mediante la experiencia laboral o vías no formales de formación.

- Favorecer, tanto en el ámbito nacional como europeo, la transparencia del mercado de trabajo.

- Contribuir a la calidad de la oferta de Formación Profesional.

Este libro

El presente libro desarrolla el Módulo Formativo denominado «Limpieza de cristales en edificios y locales», MF1087_1.

Dicho Módulo Formativo está asociado a la Unidad de Competencia UC1087_1, perteneciente a las Cualificaciones Profesionales de referencia: SSC319_1, de nivel 1, incluida en el Certificado de Profesionalidad denominado «Limpieza de superficies y mobiliario en edificios y locales». Se encuentran dentro de la familia profesional Servicios Socioculturales y a la Comunidad.

Según el Real Decreto 1378/2009, de 28 de agosto, los contenidos que en esta obra se recogen se corresponden con una duración de 30 horas.

Tanto la estructura como el desarrollo del libro se ajustan al citado real decreto y más concretamente a los contenidos del Módulo Formativo que le da título «Limpieza de cristales en edificios y locales», MF1087_1.

Contenido

1. **Técnicas de limpieza de cristales.**

   - Tipos de superficies acristaladas: composición y características.

   - Preparación y mantenimiento del orden en el lugar de trabajo.

   - Limpieza de cristales en espacios exteriores e interiores.

2. **Utilización del equipamiento básico para limpieza de superficies acristaladas.**

   - Útiles, máquinas y herramientas del cristalero.

   - Tipos de útiles.

   - Conservación y almacenamiento de los útiles.

   - Utilización de los útiles y herramientas de trabajo: criterios que hay que seguir.

     – Utilización de productos de limpieza específicos

     – Clasificación.

     – Aplicación de las normas básicas de uso.

     – Dosificación y utilización de dosificadores.

3. **Medidas relacionadas con la seguridad y salud de los trabajadores.**

   - Identificación de los riesgos relacionados con la limpieza de cristales.

   - Riesgos relacionados con el centro de trabajo.

   - Utilización de los equipos de protección individual.

   - Aplicación de las medidas de seguridad específicas para trabajos en altura.

   - Conocer y aplicar medidas de seguridad ante la presencia de personas en el entorno de trabajo.

■ Nota del Editor

En Ediciones Paraninfo estamos comprometidos con la calidad de la formación e intentamos que nuestros materiales respondan fielmente y con rigor a las necesidades de todos cuantos confían en nuestro sello editorial.

Tratamos de dar respuesta a los currículos de las unidades formativas y de los módulos que integran los distintos Certificados Profesionales, equilibrando la parte teórica con la práctica para que los procesos de aprendizaje se conviertan en experiencias gratificantes, tanto para docentes como para las personas inmersas en los procesos formativos.

Nuestros objetivos son contribuir de forma decisiva a afianzar aprendizajes, ayudar a adquirir destrezas que tengan significado para el empleo y conseguir potenciar el desarrollo personal.

Para lograrlo contamos con excelentes autores, expertos en las materias que abordan, en la mayoría de los casos docentes de dichas especialidades con dilatada experiencia tanto profesional como académica, porque buscamos perfiles familiarizados con los contextos laborales concretos a los que se refieren nuestros manuales.

Confiamos en poder serte de ayuda y esperamos tus impresiones acerca de nuestro trabajo. Sean positivas o negativas, serán muy bien recibidas y, sin duda, nos ayudarán a seguir mejorando y trabajando con ilusión para continuar siendo un referente en formación para el empleo.

Agradecemos tu confianza en nuestros manuales. Todo nuestro equipo queda a tu total disposición. Puedes contactar con nosotros en esta dirección de correo electrónico:

info@paraninfo.es

1. Técnicas de limpieza de cristales

Contenido

En este capítulo vamos a aprender a:

- Llevar a cabo la limpieza de cristales de forma eficiente atendiendo al tipo de superficie y al espacio interior o exterior en el que esté situada la superficie que hay que limpiar.

- Mantener el orden en la zona de trabajo.

- Elegir los útiles y los productos más idóneos para la limpieza de cristales.

- Conocer los riesgos derivados de la tarea de limpieza de superficies de cristal y a aplicar las medidas necesarias para mantener la seguridad de los trabajadores.

Desde hace unos años hasta hoy, el cristal está siendo utilizado, en muchas ocasiones, como sustituto de los cerramientos exteriores. Los fines que se persiguen, además de los decorativos, tienen que ver con el ahorro de energía. Un edificio, ya sea de viviendas o de oficinas, que sea muy luminoso, gracias a la cantidad de ventanales que posea, supone un gran ahorro energético por el aprovechamiento de la luz natural. También hay que tener en cuenta el alto grado de bienestar que produce para las personas el hecho de estar en un lugar bien iluminado donde no se tenga que utilizar la luz artificial. Por todo ello, cada vez es más frecuente observar en muchas ciudades edificios totalmente recubiertos de cristales. Este es uno de los motivos que nos empujan a tratar con detenimiento las técnicas propias de la limpieza de cristales.

La limpieza de las superficies acristaladas implica, en ocasiones, el trabajo en altura. A este hecho hay que sumarle que es necesario tener conocimientos concretos sobre útiles y productos, y cómo llevarla a cabo respetando las medidas de seguridad, que serán necesarias para evitar los riesgos inherentes a este tipo de trabajo.

En este primer capítulo se estudiarán los tipos de superficies acristaladas y la limpieza de los cristales, tanto en espacios interiores como exteriores, y el mantenimiento del orden en el espacio de trabajo.

1.1. Tipos de superficies acristaladas: composición y características

En nuestra vida cotidiana utilizamos los términos «vidrio» y «cristal» de forma indiferente. En realidad, existe un gran número de diferencias que vamos a ir enunciando.

Una de ellas se refiere a los elementos que se utilizan para su elaboración. De forma simplificada, podemos decir que se elaboran a partir de los siguientes elementos:

- Vidrio: se utiliza una mezcla de sílice, carbonato de sodio y caliza. El vidrio sódico-cálcico es el más barato y el más utilizado. Es un vidrio incoloro y transparente. Las características del vidrio de plomo son la densidad y brillantez y se suele emplear en óptica y artículos de arte. El vidrio de sílice tiene como característica principal la dureza y la gran resistencia a altas temperaturas, por lo que se utiliza para revestimiento de hornos, etc.

  El vidrio se emplea para distintos fines, por lo que los elementos, las cantidades de los mismos y los procesos de fabricación variarán en función del uso para el que estén concebidos.

- Cristal: a la mezcla anterior se le añade óxido de plomo.

Donde existen mayores diferencias es en la estructura de sus moléculas:

- Cristal: estructura molecular ordenada. Se llama estructura cristalina.

- Vidrio: estructura molecular amorfa. Se denomina estructura vítrea.

En cuanto a su formación:

- Cristal: se forma por la solidificación del material fundido al enfriarse, por precipitación de sustancias disueltas o por sublimación de gases. Todo ello genera cristales naturales de muy variados colores y formas.

- Vidrio: la manera en la que se forma en estado natural es muy complicada, por lo que es bastante escaso. El vidrio natural más conocido es la obsidiana.

Obsidiana.

Escanea este código QR para conocer las historias del vidrio y del cristal.

El vidrio que se emplea para los cerramientos o la decoración de los edificios y locales, y que formarán el conjunto de elementos que deben ser atendidos por el personal de limpieza, tiene diferentes características en función del tipo al que corresponda. A continuación se ofrece una tabla con los más usuales:

TIPO	CARACTERÍSTICAS
Vidrio templado	El templado térmico del vidrio se utiliza para aportar resistencia mecánica. En ese proceso, las piezas se cortan buscando la forma deseada y, con posterioridad, se produce el temple térmico. Para conseguirlo, se realiza el calentamiento del vidrio a una elevada temperatura y se enfría bruscamente. El efecto que se consigue es el aumento de la resistencia del vidrio. En caso de rotura, no llegaría a astillarse, sino que se rompería en pequeños trozos. Este tipo de vidrios está indicado en los cerramientos acristalados de seguridad.
Vidrio impreso templado	Es un vidrio traslúcido en el que podemos observar distintos motivos decorativos. Este vidrio se utiliza en puertas, mamparas de ducha y baño, etc., en lugares en los que no sea necesario acristalamientos transparentes y donde se quiera ofrecer un aspecto decorativo.
Vidrio antirreflectante	El vidrio antirreflectante está tratado por las dos caras de forma que se consiga la disminución del reflejo de la luz al proyectarse sobre el mismo, evitándose así la distorsión de los colores. Su uso más extendido es en la protección de los cuadros y en el acristalamiento de escaparates.

TIPO	CARACTERÍSTICAS
Doble acristalamiento	El doble acristalamiento consiste en la disposición de una o varias lunas separadas por cámaras de aire. Su uso más común es en ventanas o cerramientos, ya que se consigue aislamiento térmico y acústico. Una de las ventajas que aporta el doble acristalamiento es el ahorro de energía, ya que evita que la calefacción o aire acondicionado de la estancia salga de la misma, favoreciendo la entrada de la temperatura exterior.
Vidrio laminado	El vidrio laminado está formado por varios vidrios simples unidos a través de una lámina plástica, llamada lámina butiral, cuya función es la de absorber las radiaciones ultravioletas. Otro efecto que se consigue es el aumento de la resistencia a los impactos y la reducción del riesgo por rotura del vidrio, ya que, en el caso de fragmentación, la lámina mantiene adheridos los trozos de vidrio. Está concebido para la protección de personas y bienes.
Vidrio serigrafiado	El vidrio serigrafiado se fabrica adhiriendo la plancha serigrafiada y, posteriormente, sometiéndose al templado, quedando la serigrafía como parte del vidrio, siendo imposible separarla. Los usos de estos vidrios tienen fines decorativos para puertas o ventanas, donde se quieran incluir motivos o dibujos.
Vidrio antifuego	El vidrio antifuego es vidrio laminado, cuya lámina de unión se fabrica con resinas intumescentes. A temperaturas superiores a los 120 ºC, estas resinas aumentan su volumen y forman una capa opaca, aportando al vidrio una gran resistencia y actuando como escudo contra el fuego, evitando así su propagación por las estancias. En caso de que se produjera la rotura, las láminas permanecen adheridas. El uso principal de este tipo de vidrios es en lugares donde es necesario preservar del fuego a las personas u objetos, al mismo tiempo que se quiere disfrutar de la luz natural y de las cualidades estéticas de las superficies acristaladas. Algunos ejemplos son los hospitales, residencias de mayores, museos, etc.

TIPO	CARACTERÍSTICAS
Vidrio curvado	El curvado en el vidrio se consigue con un tratamiento térmico sobre el vidrio y con la utilización de un molde. El molde determinará la forma definitiva del vidrio. El vidrio curvado puede ser al mismo tiempo antirreflectante, doble acristalamiento, laminado, serigrafiado, etc. Los usos del vidrio curvado son muy variados, tanto en interiores como en exteriores: mostradores, mamparas, lavabos, lunas de vehículos, edificios, etc.
Vidrio termoendurecido	Los tratamientos de termoendurecimiento sobre vidrio, mejoran la resistencia del vidrio a las agresiones tanto mecánicas como térmicas. Se llevan a cabo utilizando altas temperaturas, para posteriormente rebajarlas de forma lenta (al contrario que en el vidrio templado, cuyo enfriamiento se hacía de forma brusca) y solo se pueden realizar en vidrios de un espesor superior a los 10 mm. Aunque el efecto es el aumento de resistencia del vidrio, no se consideran productos de seguridad, ya que en caso de rotura los trozos se desprenden, pudiendo ocasionar daños en las personas u objetos.
Vidrio moldeado	El vidrio moldeado se utiliza en forma de masa fundida de vidrio, sobre moldes de los que obtiene su forma. Es un vidrio traslúcido, pero no transparente. Existe una gran variedad de colores y acabados.
Vitra	También se llaman vidrieras de colores y son piezas de vidrio unidas a través de varillas de plomo que forman una composición decorativa.

El uso que tradicionalmente se le ha dado al vidrio ha sido el de proteger los edificios de las inclemencias meteorológicas, pero sin privarse de la luz natural del exterior. No hay más que observar construcciones antiguas para ver cómo la aparición del vidrio dio pie al aumento del tamaño de las ventanas, ya que, en el pasado, uno de los motivos por los cuales las ventanas eran de pequeño tamaño era para evitar la entrada del frío del exterior.

Los avances técnicos de la actualidad nos permiten que el vidrio no solo nos proteja del frío y del calor, sino que supone un elemento de seguridad, evitando ruidos, fuegos, accidentes, etc., y suponiendo un elemento decorativo más en los edificios.

Las funciones principales del vidrio son las siguientes:

- Protección del inmueble, las personas y los objetos que en el interior se encuentren.

- Control de los ruidos.

- Control de la radiación solar.

- Función estética.

- Función de protección.

1.2. Preparación y mantenimiento del orden en el lugar de trabajo

Cada edificio o local posee unas características distintas que los hacen más o menos difíciles de higienizar. Por ejemplo, a la hora de la limpieza de los cristales de un local, tendrá mucho que ver el mobiliario, ya que limitará el espacio y dificultará nuestras posibilidades de movimiento en la tarea de limpieza. Si a ello, además, se le suma un orden descuidado de los útiles que necesitamos, será aún más complicado llevar a cabo nuestra tarea con eficacia y eficiencia.

Teniendo en cuenta el gran número de instrumentos como maquinaria (en muchas ocasiones, en edificios de gran altura se utilizan grúas, brazos articulados, etc.), útiles (generalmente se usan guantes, cubos, esponjas, bayetas, trapos, recogedores, etc.) y productos que se utilizan en las tareas de limpieza (productos específicos para los cristales y algún producto que podamos diluir en el agua del cubo y que nos ayude a recoger el agua que pueda derramarse en suelo), resulta imprescindible el mantenimiento organizado de todo ello.

Por otra parte, hay que tener en cuenta que el orden en el lugar de trabajo obedece también al objetivo de reducción del riesgo de accidentes.

Cuando hablamos de orden, nos referimos al orden en tres aspectos: el orden de la estancia en la que se encuentran los cristales que vamos a limpiar; el orden de los útiles y productos que vamos a utilizar, tanto en la estancia como en los lugares donde se guardan, y el orden en las tareas que hay que realizar. A continuación hablaremos de lo anterior proponiendo tres sencillos pasos que nos ayudarán en el mantenimiento del orden en el lugar de trabajo:

1.º Acercar los productos y útiles de limpieza a la estancia en la que se encuentran los cristales que vamos a limpiar, situándolos en una zona apartada del
paso para evitar que se produzcan tropiezos que puedan ocasionar derrames de productos que, a su vez, puedan estropear el mobiliario o el suelo,
evitando también accidentes del personal o de personas que puedan estar
presentes en la zona de trabajo.

Estos productos y útiles de limpieza debieran haberse guardado previamente en un espacio destinado a ello y de forma organizada. Si mantenemos los
útiles y productos ordenados en el lugar donde se almacenan, será más fácil
localizarlos e identificar cuáles están próximos a acabarse para reponerlos.

2.º Se debe retirar el mobiliario y los objetos que puedan suponer un obstácu-
lo para la limpieza. Por ejemplo, si existe un sofá justo debajo de la ventana
que debemos limpiar, habrá que retirarlo para evitar que entorpezca nuestro
trabajo, así como para mantener en buen estado el mobiliario, eliminando
los riesgos de manchas de productos de limpieza. El mobiliario retirado debe
mantenerse alejado de las vías de paso para preservar la seguridad tanto del
personal de limpieza como de otros que puedan tropezarse y caer. Cuando se
hayan finalizado las tareas de limpieza, todo deberá volver a estar en el lugar
de origen para evitar molestias a las personas que allí trabajen.

3.º Cuando se han llevado a cabo los dos pasos anteriores, acercar los productos
a la zona que hay que limpiar y retirar los obstáculos, se puede comenzar la
tarea de limpieza que tuviéramos planificada. Con respecto a este punto, hay
que recordar que existe un orden preestablecido en las tareas, que comentaremos más adelante, y que nos permitirá realizar nuestro trabajo con una
mayor productividad.

Es necesario recordar que, aunque en un principio el mantenimiento del orden requiera invertir algo de tiempo al inicio de la actividad, a corto plazo ese tiempo se recupera, permitiéndonos llevar a cabo nuestro trabajo en términos de eficacia.

1.3. Limpieza de cristales en espacios exteriores e interiores

En primer lugar, es necesario explicar claramente la diferencia entre la limpieza de cristales en espacios interiores y en espacios exteriores. Con respecto a la primera, los cristales situados en el interior de un edificio son todos aquellos cuya superficie está orientada al interior, comprendiendo tanto ventanas como cualquier otra superficie acristalada que se encuentre en el inmueble. En relación con los segundos, nos referimos a los cristales y ventanas que, por las necesidades del edificio en cuestión, se encuentran situados en el exterior de la construcción y que incluyen tanto las partes exteriores de la ventanas como cualquier otra superficie acristalada que se encuentre sobre las fachadas o techos, con fines decorativos u otros. Cada día son más comunes las construcciones en las que nos encontramos partes de fachada recubiertas de cristales, ya sea para decorarlas como con una intencionalidad de ahorro energético orientada a economizar los recursos eléctricos.

La limpieza de los cristales exteriores requiere una serie de medios auxiliares, ya que se pueden instalar en lugares poco accesibles que implican gran dificultad para su limpieza y un gran riesgo para la integridad de las personas que se dedican a esta labor.

A continuación se explicarán las diferencias con más detalle:

A) LIMPIEZA DE CRISTALES INTERIORES

Como hemos visto antes, nos referimos a los cristales que se encuentran en el interior de los edificios y locales, ya sea en las ventanas como en cualquier otra superficie acristalada.

La limpieza de los cristales situados en el interior debe tenerse en cuenta al igual que la limpieza del resto de mobiliario.

Con respecto a la frecuencia de limpieza, se recomienda que todos los días se repasen las manchas, las huellas de manos y el polvo que pueda haberse depositado sobre los marcos, reservando la limpieza a fondo para una vez al mes.

Una dificultad que podemos encontrar es el mobiliario que pueda estar situado delante de las ventanas y que será necesario retirar para proceder a una limpieza adecuada. Otro inconveniente puede ser la presencia de personas en el espacio de trabajo, para lo que será necesario estudiar las horas más convenientes para la limpieza de estos elementos.

Por último, otro aspecto que hay que tener en cuenta es la necesidad de realizar los trabajos en altura. Aunque la disposición del cristal sea interior, en muchas ocasiones el gran tamaño de los ventanales implica la necesidad de alcanzar zonas muy elevadas, para lo que necesitaremos el uso de escaleras. En estos casos, se recomienda que se utilicen indicadores que expliquen que se está llevando a cabo esta labor, para, así, impedir tropiezos innecesarios por parte de las personas que frecuenten el espacio, puesto que pueden provocar caídas muy peligrosas.

B) LIMPIEZA DE CRISTALES EXTERIORES

La limpieza de cristales exteriores tiene una serie de características que la diferencia del resto. En un primer lugar, el tipo de suciedad es distinta. En la mayoría de los casos es polvo, arenilla, excrementos de pájaros, residuos de polución, etc. Todo ello dificulta la limpieza a lo que se le suma que los cristales exteriores se limpian con menos frecuencia, por lo que la acumulación de suciedad es aún mayor.

Cuando los cristales están situados en zonas altas, serán necesarios elementos de apoyo para permitir el acceso a la zona. A continuación se recogen las técnicas más utilizadas para la limpieza en altura:

LIMPIEZA CON PÉRTIGA ▶

Se realiza mediante un sistema de pértigas que incorporan un cepillo en el extremo con que se puede frotar la superficie.

Una de las ventajas de este método es que se evitan costes innecesarios, puesto que se suprimen los andamios u otros sistemas de elevación.

Como inconveniente, encontramos la limitación de la altura del edificio, ya que la pértiga solo alcanza hasta los 15-20 metros.

LIMPIEZA MEDIANTE DESCUELGUE Y TÉCNICAS DE ESCALADA ▶

Esta técnica está indicada para la limpieza de zonas de difícil acceso.

Como característica imprescindible, podemos indicar que el personal que la realice debe estar altamente formado y entrenado en técnicas de escalada. El material necesario para ello son arneses, cuerdas, silletas, mosquetones, etc.

Debe prestarse mucha atención al sistema que garantice la seguridad del operario respetando las normas vigentes en cuanto a material y normas que seguir.

ANDAMIOS COLGADOS ▶

Los edificios de gran altura disponen, en la parte más elevada, de unos asideros entre cuyas utilidades se encuentra la de sujetar los andamios y descolgarlos para la limpieza de las superficies acristaladas.

En este caso no existe limitación de altura.

PLATAFORMAS ELEVADORAS ▲

Los elevadores son una buena opción cuando tenemos la necesidad de elevarnos para llegar al punto que tenemos que limpiar y, además, disponemos de espacio suficiente en el que poder situar el vehículo que alberga la grúa.

El inconveniente es la altura, ya que las grúas elevadoras no alcanzan zonas muy elevadas.

Existen elevadores de distintos tipos como, por ejemplo, los vehículos oruga que pueden introducirse en zonas ajardinadas o circular por terrenos poco aptos.

Para plantear una periodicidad adecuada en la limpieza de cristales exteriores, se tendrán en cuenta las siguientes variables:

- Las dificultades de acceso a las zonas acristaladas, ya sea por la altura o porque estén situadas en zonas donde sea difícil llegar.

- La climatología de la zona, ya que no será lo mismo la suciedad de las ventanas en un lugar donde llueva mucho, que donde no lo haga.

- La presencia de obras en las inmediaciones de la vivienda.

- La cercanía de una carretera de gran trasiego de vehículos.

- La situación del edificio en zona rural o urbana.

C) LIMPIEZA DE ELEMENTOS QUE ACOMPAÑAN A LAS VENTANAS (MARCOS, PERSIANAS, REJAS Y ALFÉIZARES)

Las ventanas pueden estar compuestas por una serie de elementos de cuya limpieza depende el estado general del conjunto. Nos referimos a los marcos, las persianas, las rejas y los alféizares.

Es imprescindible conocer el orden que hay que seguir a la hora de la limpieza de este conjunto de elementos, puesto que de ello dependerá el resultado final.

La instalación de rejas en las ventajas suele tener fines relacionados con la seguridad de las instalaciones. Podemos encontrarlas con más asiduidad en las plantas bajas de los edificios y su instalación de justificará para evitar que se produzcan robos.

Por otra parte, son cada vez más habituales las que se encuentran en las plantas altas con el objetivo de evitar caídas de las personas que pueden trabajar en esas zonas o, en caso de presencia de niños, evitar accidentes fatales.

Se propone la siguiente secuencia:

I. Se limpiarán las rejas.

II. Se continuará con las persianas.

III. Los marcos serán los siguientes en limpiarse.

IV. El alféizar irá a continuación.

V. Se finalizará con los cristales.

I. REJAS:

La limpieza de rejas se realizará con una bayeta mojada, ya que, debido a que se encuentran en el exterior del edificio, se acumula gran cantidad de polvo y restos de polución.

Suelen ser de hierro o aluminio. En el caso de las primeras, lo común es encontrarlas pintadas para evitar que se oxiden.

II. PERSIANAS:

Las persianas actuales suelen fabricarse a partir de dos materiales distintos: PVC o aluminio. Ambos son fáciles de limpiar.

Las persianas presentan su mayor dificultad en las zonas exteriores y en las ranuras que queda entre lámina y lámina. Las ranuras se pueden limpiar con una brocha o utilizando un aspirador. Las maquinarias que generan vapor suelen dar también muy buen resultado.

Puesto que en las persianas se suele depositar mucho polvo que luego es difícil de eliminar, se recomienda una limpieza semanal que tenga carácter de mantenimiento y que evite que se acumule en exceso.

Para la limpieza de la parte exterior, hay que extremar las precauciones. En ningún caso lo haremos sacando el cuerpo por la ventana, ante el riesgo de caídas. Abriremos el tambucho (lugar donde la persiana se enrolla) y lo iremos haciendo desde ahí. Al enrollarse la persiana sobre sí misma, la parte que da al exterior es la que vemos en este espacio. La iremos limpiando poco a poco al mismo tiempo que la recogemos.

Tanto las de PVC como las de aluminio se limpiarán con detergentes neutros y con una bayeta suave.

Es importante tener en cuenta que si utilizamos gran cantidad de agua en la limpieza de las persianas, esta caerá a la calle, donde puede ocasionar molestias a los viandantes.

III. MARCOS:

Los marcos de las ventanas pueden ser de distintos materiales. Los más usuales son: madera, aluminio, aluminio lacado o PVC.

En función del material utilizado, se elegirá un tipo u otro de producto y de útil de limpieza.

En el caso de **marcos de madera**, se recomienda el uso de un producto con pH neutro, siempre utilizando una bayeta que tenga poder de absorción, ya que la madera no tolera bien los excesos de agua. No están indicados los estropajos, ya que pueden arañar la capa que protege la madera. Aunque la madera se elige en muchos casos por su capacidad decorativa, las variaciones de temperatura también ocasionan cambios en ella, esto se debe a que se expande con el calor y la humedad, y se contrae con bajas temperaturas.

Los **marcos de PVC** están fabricados de resinas plásticas y toleran bien los productos químicos. Se pueden utilizar productos neutros, evitando los productos que contienen alcohol, ya que pueden ocasionar la pérdida de color del marco.

Hay que evitar el uso de estropajos, puesto que el PVC es susceptible de ser arañado con facilidad. Se puede utilizar el agua que se necesite, ya que son muy resistentes a la humedad.

Los **marcos de aluminio** son muy resistentes a los cambios climáticos y a los productos químicos. Su color es gris, ya que no se solía tratar con ningún color. Para su limpieza, se puede utilizar una bayeta humedecida en cualquier producto que no sea abrasivo ni contenga ácidos.

Los **marcos de aluminio lacado** se comenzaron a utilizar a partir de los de aluminio convencional, ya que proporcionan una gama de colores más atractiva. El lacado se realiza con una impregnación de pintura. Son muy resistentes a los cambios climáticos, aunque no se pueden limpiar con cualquier producto.

No toleran los productos alcalinos, los estropajos ni los rascadores, ya que se suelen arañar con facilidad.

IV. ALFÉIZAR:

El primer paso para la limpieza de un alféizar será retirar los objetos, tales como plantas o adornos, que haya encima.

La limpieza de los alféizares se puede realizar tanto con una bayeta seca, así como con una bayeta húmeda y un poco de detergente neutro. Dependerá del tipo de suciedad que se haya depositado en el alféizar: si solo tiene polvo, podremos hacerlo con la bayeta seca, pero si tiene mucha suciedad acumulada, como, por ejemplo, excrementos de pájaros, deberemos utilizar la bayeta húmeda con detergente.

Es importante tener en cuenta que el uso de una gran cantidad de agua puede suponer que caiga a la calle, pudiendo mojar a las personas que pasen por la vía pública.

Es necesario prestar atención a las esquinas y bordes donde suele acumularse más suciedad.

Para finalizar, pasaremos un trapo limpio y húmedo para quitar restos de jabón o productos.

V. CRISTALES:

La limpieza de cristales de ventanas se puede realizar con la bayeta mojada o con la bayeta seca.

La bayeta mojada se suele utilizar cuando hay una gran cantidad de suciedad sobre los cristales. Se elegirá una bayeta fabricada en poliéster o viscosa, ya que poseen un cierto poder de secado, y se le añadirá una solución jabonosa.

La bayeta en seco se utilizará cuando la cantidad de suciedad sea menor. El producto que debe acompañarla será un limpiacristales común.

Siempre se comenzará la limpieza por la parte más alta del cristal, de lo contrario, el producto utilizado caerá sobre la zona ya limpia.

Limpiacristales
con mojador incorporado

Existen útiles para la limpieza de cristales que muchos profesionales utilizan y que dan muy buenos resultados. Nos referimos a los *limpiacristales y mojadores.* Utilizados convenientemente dan unos resultados excelentes, además de facilitar el alcance a zonas de difícil acceso sin la necesidad de utilizar escaleras, reduciendo así los riesgos de padecer un accidente laboral.

Para determinar si la limpieza se ha realizado correctamente, se utilizará el criterio de transparencia, es decir, hasta que el cristal no quede totalmente transparente, una vez eliminados los restos de polvo, manchas y huellas, no se habrá alcanzado el estándar de limpieza requerido.

SECUENCIA EN LA LIMPIEZA DE VENTANAS	1.º REJAS	2.º PERSIANAS	3.º MARCOS	4.º ALFÉIZAR	5.º CRISTALES

La frecuencia que se propone es la siguiente:

ELEMENTO	PERIODICIDAD
CRISTALES	Repaso una vez a la semana. A fondo una vez al mes.
ALFÉIZARES	Una vez a la semana.
MARCOS	Una vez al mes.
REJAS	Una vez al mes.
PERSIANAS	Repaso una vez a la semana. A fondo una vez al mes.

EN ESTE CAPÍTULO HEMOS APRENDIDO:

- Que la limpieza de cristales utiliza unas técnicas en función del tipo de superficie de que se trate.

- Que aunque utilicemos los términos vidrio y cristal indistintamente son dos materiales diferentes.

- Las distintas técnicas de limpieza de cristales exteriores:

  · Limpieza con pértiga.

  · Andamios descolgados.

  · Limpieza con técnicas de escalada.

  · Plataforma elevadora.

- Las diferencias en la limpieza de los cristales situados en zonas exteriores e interiores.

- La importancia de preparar la zona de trabajo y el mantenimiento del orden.

- Una frecuencia adecuada para mantener las ventanas en estado óptimo.

- A reconocer los distintos tipos de marcos en función del material con el que estén fabricados.

- Que el vidrio se coloca en los edificios por los siguientes motivos:

  · Protección del inmueble, las personas y los objetos que en el interior se encuentren.

  · Control de los ruidos.

  · Control de la radiación solar.

  · Función estética.

  · Función de protección.

- A reconocer los distintos tipos de vidrio. Encontramos los siguientes:

  · Vidrio templado, vidrio impreso, vidrio antirreflectante, doble acristalamiento, vidrio laminado, vidrio serigrafiado, vidrio antifuego, vidrio curvado, termoendurecido, vidrio moldeado y vitral.

- Que el vidrio forma las superficies acristaladas de las ventanas.

- Que la secuencia para la limpieza de las ventanas y el conjunto que la forma es la siguiente:

  · Se limpiarán las rejas.

  · Se continuará con las persianas.

  · Los marcos serán los siguientes en ser limpiados.

  · El alféizar irá a continuación.

  · Se finalizará con los cristales.

CASO PRÁCTICO

Hemos sido contratados en un hotel de lujo con una arquitectura moderna que tiene una gran cantidad de ventanales interiores hechos de vidrio templado y serigrafiado en su *lobby* y pasillos. La gerencia ha solicitado una limpieza frecuente, ya que la visibilidad de huellas y polvo afecta a la estética del lugar.

¿Qué aspectos consideramos importantes para tener en cuenta?

SOLUCIÓN:

Frecuencia de limpieza: las huellas de manos de huéspedes y polvo requieren un mantenimiento constante. Se establecerá una rutina de limpieza diaria para eliminar huellas visibles y una limpieza profunda semanal.

Presencia de personas: la limpieza debe realizarse sin interrumpir la experiencia de los clientes. Se utilizarán herramientas como mopas de microfibra y productos de secado rápido para evitar residuos de agua en el vidrio.

Acceso a zonas altas: algunos ventanales tienen más de 4 metros de altura. Para ello, se emplearán escaleras de seguridad y señalización para evitar accidentes con los huéspedes.

ACTIVIDADES

EJERCICIOS DE REPASO Y AUTOEVALUACIÓN

1.1. ¿Cuál es una de las principales razones para utilizar cristal en los cerramientos exteriores de los edificios?

   a) Reducir el ruido exterior.

   b) Ahorrar energía mediante el aprovechamiento de la luz natural.

   c) Facilitar la limpieza del edificio.

   d) Aumentar el valor estético sin ningún otro beneficio.

1.2. ¿Cuál es la principal diferencia estructural entre el vidrio y el cristal?

   a) El vidrio tiene una estructura cristalina y el cristal una estructura amorfa.

   b) El cristal tiene una estructura molecular ordenada y el vidrio una estructura amorfa.

   c) Ambos tienen la misma estructura, solo cambia su composición química.

   d) El vidrio es más resistente que el cristal.

1.3. Menciona tres tipos de vidrios utilizados en construcción y sus características principales.

1.4. ¿Qué tipo de vidrio es más seguro en caso de rotura porque se fragmenta en pequeños trozos en lugar de astillarse?

   a) Vidrio impreso templado.

   b) Vidrio laminado.

   c) Vidrio templado.

   d) Vidrio termoendurecido.

1.5. ¿Para qué se utiliza principalmente el vidrio antirreflectante?

   a) Para mejorar la resistencia al fuego.

   b) Para evitar reflejos en cuadros y escaparates.

   c) Para aumentar el aislamiento térmico.

   d) Para reforzar la seguridad en los cerramientos acristalados.

1.6. Explica la diferencia entre la limpieza de cristales en espacios interiores y exteriores.

_____

1.7. Ordena los siguientes pasos en la secuencia correcta para la limpieza de elementos que acompañan a las ventanas.

a) Limpiar los cristales.

b) Limpiar el alféizar.

c) Limpiar las rejas.

d) Limpiar los marcos.

e) Limpiar las persianas.

1.8. ¿Cuál es la principal dificultad de la limpieza de cristales en exteriores?

a) La presencia de personas en el espacio de trabajo.

b) La falta de productos adecuados para su limpieza.

c) La acumulación de suciedad y la dificultad de acceso.

d) La necesidad de retirar mobiliario antes de limpiar.

1.9. ¿Por qué es importante el mantenimiento del orden en el lugar de trabajo al limpiar cristales?

a) Para aumentar el tiempo de trabajo.

b) Para reducir el riesgo de accidentes y mejorar la eficiencia.

c) Para evitar problemas con los clientes.

d) No es importante, solo afecta la estética del lugar.

1.10. ¿Cuáles son las funciones principales del vidrio en los edificios? Menciona al menos tres.

_____

GLOSARIO DE TÉRMINOS

Abrasión: desgaste de la superficie del vidrio debido al contacto con partículas sólidas o fricción.

Acristalamiento: proceso de instalación de vidrio en estructuras como ventanas o cerramientos.

Aislamiento acústico: capacidad de un material, como el vidrio laminado o el doble acristalamiento, para reducir la transmisión del sonido.

Aislamiento térmico: propiedad del vidrio que impide la transferencia de calor entre el interior y el exterior de un edificio.

Alféizar: parte inferior de la ventana, generalmente en forma de repisa, que puede estar en el interior o exterior del edificio.

Butiral: lámina plástica que se emplea en la fabricación de vidrios laminados para mejorar su resistencia y absorción de radiaciones ultravioletas.

Cámara de aire: espacio sellado entre dos vidrios en un doble acristalamiento que mejora el aislamiento térmico y acústico.

Cerramiento: elemento constructivo que delimita y protege un espacio, como muros, techos o vidrios.

Marcos: estructura que rodea el cristal de una ventana, que puede ser de materiales como madera, aluminio, PVC o lacado.

Obsidiana: tipo de vidrio natural que se forma a partir del enfriamiento rápido de lava volcánica.

Polución: acumulación de sustancias contaminantes en el ambiente, que puede afectar la limpieza de superficies acristaladas.

Resina intumescente: sustancia que, al ser expuesta a altas temperaturas, se expande formando una capa aislante contra el fuego.

Serigrafía en vidrio: técnica de decoración que consiste en aplicar una imagen o diseño sobre el vidrio mediante tintas resistentes al calor.

Sílice: componente principal del vidrio, obtenido a partir de arena de cuarzo.

Termoendurecido: vidrio sometido a un proceso de calentamiento y enfriamiento lento, lo que le otorga mayor resistencia sin convertirlo en un vidrio de seguridad.

2. Utilización del equipamiento básico para limpieza de superficies acristaladas

Contenido

En este capítulo vamos a aprender a:

- Conocer los distintos útiles y herramientas que pueden utilizar los profesionales de la limpieza en las superficies acristaladas.

- Identificar los útiles relacionados con la limpieza de cristales y las ventajas de su uso.

- Utilizar los útiles y herramientas siguiendo un criterio adecuado para una limpieza óptima.

- Conocer los productos químicos que se pueden utilizar en la limpieza de superficies acristaladas.

En todas las profesiones es imprescindible que se conozcan todas las herramientas de trabajo que se encuentran disponibles en el mercado y que pueden facilitar la labor de cada uno de los profesionales que se dedican a esta profesión.

El uso de este equipamiento redunda no solo en beneficio del trabajador, cuyo trabajo se ve simplificado y facilitado, sino en el resultado de la labor que hay que realizar, ya que suele mejorar los resultados y agilizar la tarea.

Ambos objetivos provocan una reducción en los costes de mantenimiento de la limpieza, puesto que se economizan horas de trabajo con el consiguiente ahorro de personal.

2.1. Útiles, máquinas y herramientas del cristalero

Como primer punto, vamos a explicar los que son los útiles, máquinas y herramientas.

Según el diccionario de la Real Academia de la Lengua Española, la palabra **«útiles y herramientas»** significa: «Objeto o aparato, normalmente artificial, que se emplea para facilitar o posibilitar un trabajo, ampliando las capacidades naturales del cuerpo humano».

Con respecto a la palabra máquina, se define como «aparato compuesto de varias partes interrelacionadas, pero con funciones separadas, empleado en la ejecución de alguna tarea. Aparato mecánico».

Es tan amplia la variedad de útiles, herramientas y máquinas, que son muchas las marcas que los comercializan, permitiéndonos elegir en función de los criterios que se quieran aplicar.

2.2. Tipos de útiles

A la hora de llevar a cabo la limpieza de edificios y locales, las superficies acristaladas tienen una importancia primordial, ya que de ellas depende la imagen de la estancia y la impresión que se puedan llevar las personas que la frecuenten. Además de aplicar las técnicas de limpieza adecuadas, es imprescindible seleccionar correctamente los útiles, máquinas y productos químicos qu ese utilicen, ya que deben ser los más indicados para el tipo de suciedad de la que se trate y considerar si la superficie se encuentra en espacios interiores o exteriores.

Entre los numerosos artículos que se encuentran en el mercado, contamos con los tradicionales limpiacristales o rascavidrios hasta los modernos mangos telescópicos con conducción de agua que utiliza agua osmotizada.

A la hora de elegir unos u otros, un aspecto que hay que tener en cuenta son los tipos de materiales con los que están fabricados y la calidad de los mismos, ya que todos no están indicados para la limpieza de superficies acristaladas.

Los criterios que se deben aplicar para la elección de los útiles de limpieza de cristales son los siguientes:

- Que sean resistentes a la humedad, ya que siempre se van a utilizar con productos de limpieza y/o agua. Rechazaremos todos los que no estén fabricados con materiales inoxidables.

- Los útiles y herramientas deben ser ergonómicos y ligeros, ya que de ello dependerá que la labor sea más o menos ardua.

- La durabilidad es también un criterio que hay que atender. Está muy relacionada con la calidad de los materiales utilizados.

- Es imprescindible que estén homologados, disponiendo así de sistemas anticaídas, sobre todo para los trabajos en altura.

- Para promover un mayor ahorro en el material, es interesante que se disponga de repuestos.

A lo largo de este apartado, vamos a hacer un recorrido por los útiles, herramientas y máquinas que podemos encontrar en el mercado y que están indicadas en la limpieza de superficies acristaladas.

A) HERRAMIENTAS

El mojador

Está concebido como sistema de limpieza manual. El mojador fabricado en microfibras está pensado para mojar las superficies acristaladas, evitando goteos. En algunos modelos se incorpora una banda abrasiva que favorece la eliminación de la suciedad adherida. Es compatible con palos telescópicos.

Los mojadores están compuestos por dos partes: el soporte, fabricado con distintos materiales, y el mojador, cuyo material de fabricación es textil.

Podemos encontrar soportes fabricados con los siguientes materiales:

ZONA TEXTIL

MANGO

ACOPLE PARA TUBO TELESCÓPICO

- Aluminio liso y mango PVC. Está indicado en la limpieza de cristales situados en el exterior.

- Aluminio y mango de acero recubierto de caucho. Indicado en la limpieza en exteriores.

- Fabricado en PVC y con espacio para reserva de agua. Indicado para interiores, ya que la reserva de agua limita la caída del agua sobrante.

Con respecto a la parte textil de los mojadores, los podemos encontrar fabricados en los siguientes materiales:

- Tejido de algodón. Recomendado cuando se necesite gran poder de mojado.

- Tejido de algodón y banda abrasiva. Se utiliza en superficies acristaladas en las que haya suciedad adherida.

- Tejido de microfibras. Se recomienda por su gran durabilidad.

Limpiacristales

Es la herramienta imprescindible que acompaña al mojador, ya que se utiliza para recoger el agua sobrante que queda sobre el cristal.

Está compuesto por varias partes: el mango, la varilla y el labio de goma.

Existen distintos tipos de mangos, entre los que podemos encontrar los siguientes:

- Mango de aluminio. Está indicado por su poco peso.

- Mango de fibra. Es muy ligero y resistente.

- Mango revestido de goma. Facilita la sujeción evitando que se resbale de la mano.

- Mango con forma ergonómica que facilita su sujeción por su diseño, más adaptado a los dedos.

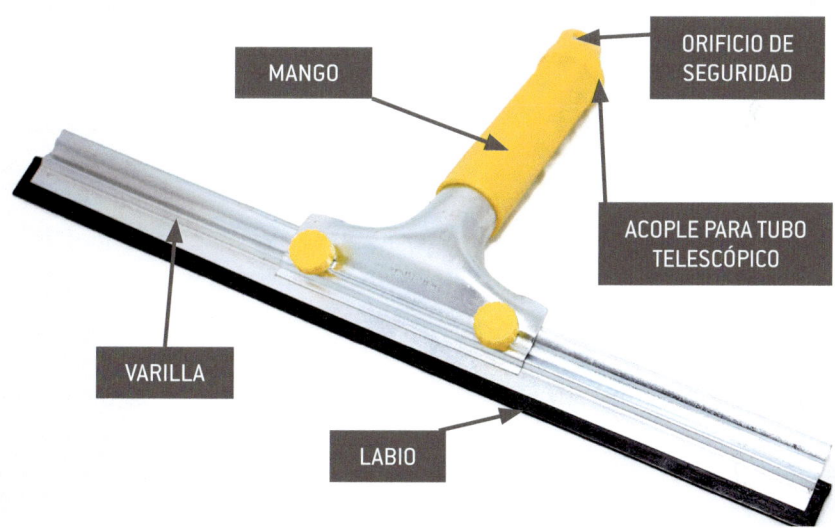

Los mangos pueden estar indicados para la limpieza de los cristales tradicionales, para los que están recomendados los mangos rígidos, o para los cristales curvados o de difícil acceso. En estos casos, existen los mangos articulados que permiten adaptarse a las superficies más difíciles.

Está concebido para que se le pueda insertar un palo alargador y que pueda utilizarse en zonas más altas.

Igualmente, pueden tener un orificio que serviría para anclar un sistema de seguridad para los trabajos en altura, lo que evitaría su caída.

La varilla es una pieza alargada de acero inoxidable dispuesta de una guía en la que se inserta el labio de goma.

La varilla se sujeta al mango a través de una pinza en la que se acopla.

Los labios son la parte que se situará en contacto con la superficie acristalada y que ayudará a arrastrar el agua hacia la parte inferior. El material más utilizado para su fabricación es el caucho.

Tubo telescópico de aluminio

Los tubos telescópicos están ideados para la limpieza de cristales en zonas elevadas. Con estas herramientas, se evita el uso de escaleras que pueden suponer un riesgo para la integridad física de los trabajadores.

Suelen estar fabricados en aluminio para reducir el peso y mantener la robustez.

Están compuestos por varias piezas, en función de lo extensibles que sean, que se desenroscan para facilitar su extensión. Pueden oscilar entre los 2,5 y 10 metros.

En el terminal se sitúa el mango de plástico blando para facilitar el agarre del tubo telescópico.

Existe en el mercado un complemento perfecto a la pértiga que facilita la articulación de los tubos telescópicos y que se utiliza para conseguir un ángulo en el tubo alargador, lo que facilita la limpieza de los cristales.

Pinzas

Las pinzas de aluminio se acoplan al final de los tubos telescópicos y están concebidas para sujetar, gracias a las dos partes de la pinza, un cepillo o esponja que facilite la limpieza de los cristales. Su uso está indicado en los casos en los que exista gran cantidad de suciedad.

Rascavidrios

Los rascavidrios están compuestos por el soporte y la cuchilla.

El soporte suele estar fabricado en material inoxidable y recubierto de empuñadura de plástico para facilitar el agarre. La forma del soporte facilita el acople a las pértigas extensibles.

Las cuchillas están fabricadas también en material inoxidable y son intercambiables. Las cuchillas se suelen desgastar con el uso, por lo existen en el mercado recambios para que se puedan sustituir por otras nuevas.

Los rascavidrios se utilizan cuando los cristales presentan suciedad muy adherida a la superficie. Si se utilizan correctamente, las cuchillas no arañan la superficie acristalada.

Cubo

El uso de un cubo adaptado a los utensilios utilizados en la limpieza de superficies acristaladas, facilita el transporte de las herramientas, como los mojadores y las regletas, así como la posibilidad de disponer de agua para la limpieza si se necesita.

Incorpora ruedas para facilitar su transporte.

Por lo general, tienen una forma cuadrada, a diferencia de los cubos convencionales, y disponen de soportes y ganchos donde poder transportar cómodamente los utensilios necesarios.

Repuestos

Para la mayoría de los útiles que hemos nombrado en este apartado, existen repuestos que posibilitan el cambio de la pieza que sufre más desgaste, sin tener que desechar la herramienta completa. Gracias a ello, podemos obtener un ahorro económico, ya que los repuestos son siempre más baratos que el útil completo.

Nos referimos a los siguientes:

GUÍAS PARA LIMPIACRISTALES
MANGO PARA LIMPIACRISTALES
LABIOS DE CAUCHO
RECAMBIO MOJADOR
CUCHILLAS

B) MÁQUINAS

Como se ha comentado antes, las máquinas son utensilios que requieren conexión eléctrica para su funcionamiento.

La ventaja que presentan sobre el uso de herramientas es su gran efectividad, ya que aportan mucha rapidez a los trabajos, reduciendo el coste en personal.

Por el contrario, las máquinas tienen un coste elevado en relación con las herramientas.

Máquinas de agua osmotizada

Un sistema que es cada vez más frecuente es el uso de agua osmotizada. A través de esta técnica, y de los efectivos filtros que incorpora la máquina, se consigue un agua pura, sin minerales ni cal. Al eliminar estos dos componentes, el agua, al secarse, no deja marcas.

Las máquinas con sistema de agua osmotizada están compuestas por varias partes. Son las siguientes:

- Sistema de filtros: consta de varios filtros como el de carbono activo y el descalcificador, la membrana de osmosis inversa y un filtro desmineralizador. El agua va pasando por ellos y va depurándose, dejando en ellos los minerales y la cal.

- Depósito: el agua, una vez depurada, se reserva en un depósito a la espera de su utilización.

- Pértiga: está fabricada en materiales resistentes, pero a la vez muy ligeros. Son desmontables para facilitar su transporte.

- Bomba de impulsión: impulsa el agua depurada por la pértiga a través de unos tubos que llevan el agua desde el depósito hasta la parte más elevada, donde se sitúa el cepillo.

- Cepillo: en la punta de la pértiga se acopla un cepillo suave para el frotado del cristal. El agua sale por unos orificios situados entre las cerdas del cepillo. De esta forma se garantiza una mayor efectividad.

Máquina limpiadora de cristales

Esta máquina consta de dos elementos imprescindibles: el rociador y el limpiador-aspirador. El rociador se utiliza para humedecer el cristal con el detergente. Como en el extremo incorpora una almohadilla, se puede pasar por la superficie para extender el producto y eliminar la suciedad adherida. A continuación, con el limpiador aspirador se eliminarán todos los restos de producto a través del aspirado, evitando así el goteo del producto líquido.

Sistema para la limpieza de cristales

Este aparato tiene tres componentes principales: la barra telescópica de carbono, cuyos tubos permiten el aporte de agua; el cinturón, en el que se incorpora la bomba impulsora y el depósito de agua, y el terminal, fabricado en tejido de microfibra.

El agua, previamente desmineralizada, disuelve la suciedad adherida que después elimina el terminal de microfibra. Se evita así el manchado de marcos y ventanas, ya que se facilita el secado sin salpicaduras de agua.

Está indicado para la limpieza de cristales interiores.

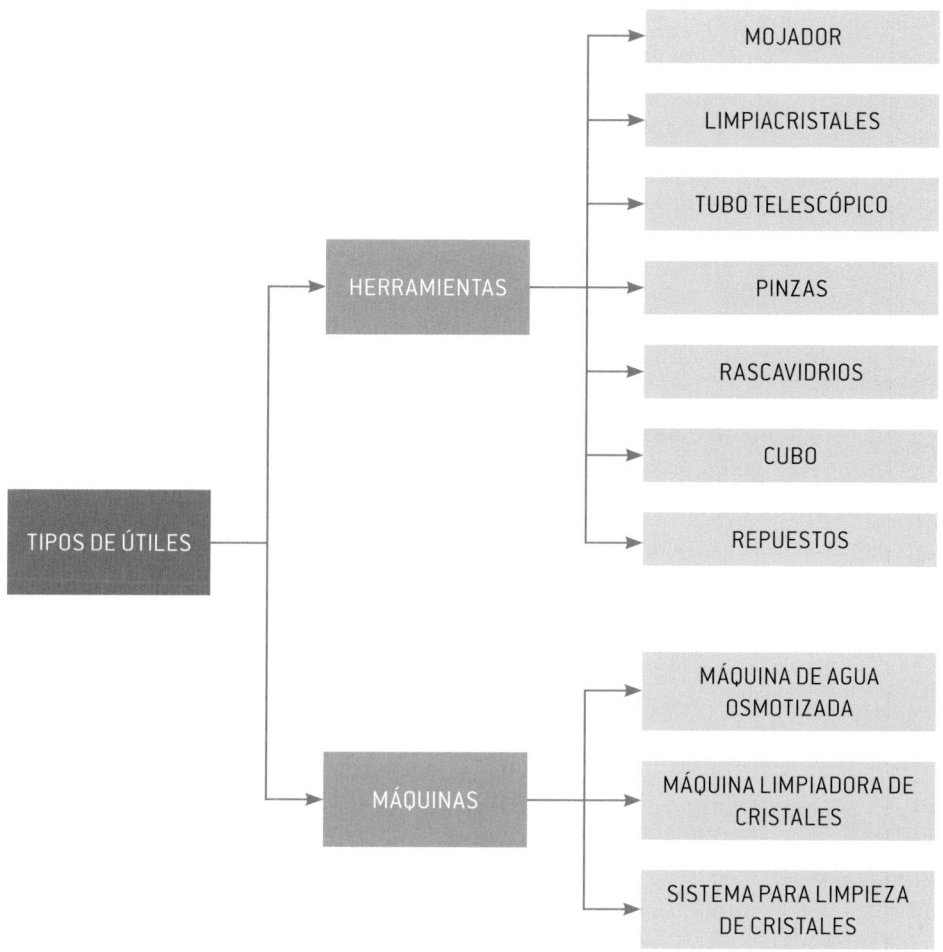

2.3. Conservación y almacenamiento de los útiles

El conocimiento sobre el uso de los distintos útiles y máquinas disponibles para el trabajo de limpieza de superficies acristaladas es imprescindible para mejorar los resultados de nuestra labor.

A este conocimiento hay que sumarle uno imprescindible, como el almacenamiento y la adecuada conservación de los mismos.

Es muy importante tener en cuenta que las empresas realizan un gran esfuerzo económico en la adquisición de útiles, herramientas y maquinaria adecuada que reduzca el esfuerzo de nuestro trabajo para obtener buenos resultados. Por todo ello, hay que prestar una gran atención a la conservación, ya que de ello depende la duración de los mismos. Si nuestros útiles de limpieza no están en un estado óptimo, los resultados nunca serán los esperados.

Todos los elementos que se utilicen en la limpieza tienen una serie de recomendaciones del fabricante sobre las precauciones que se deben tomar para alargar la vida útil de las herramientas y maquinaria.

A continuación comentaremos algunos consejos sobre cómo cuidar nuestras herramientas de trabajo:

- **El limpiacristales:** se debe enjuagar constantemente para eliminar los restos de arenilla o polvo que se alojen en el labio. De lo contrario, el trabajo de secado de cristales no será el adecuado, traspasando estos restos de nuevo al cristal.

  Es recomendable desmontarla y limpiar sus partes por separado, utilizando los recambios en el caso de que exista alguna parte deteriorada. Una vez que esté limpio, y si no se va a volver a utilizar, debe secarse con una bayeta eliminando toda la humedad existente.

  No se debe utilizar productos ácidos, ya que pueden estropear el limpiacristales, así como alguna parte del marco de la ventana.

  Se debe evitar producir golpes sobre el limpiacristales, puesto que puede provocar que el aluminio utilizado para su fabricación ceda y se deforme.

- **El mojador:** se debe enjuagar constantemente cuando se está utilizando para evitar que la suciedad penetre en el tejido y luego sea más difícil eliminar.

  Cuando se termine de utilizar, se debe desmontar separando el soporte de la parte textil, para limpiarla con un detergente adecuado, tendiéndolo a continuación para procurar su secado. Existen tejidos para los que no está recomendado el uso de secadora.

- **Los rascavidrios:** siempre que se termina de utilizarlos, hay que limpiarlos cuidadosamente, eliminando los residuos que se queden entre las juntas. Antes de guardarlos es imprescindible hacer un buen secado, ya que los tornillos que permiten el cambio de cuchilla pueden oxidarse.

  Se deben utilizar sobre superficies totalmente lisas. De lo contrario, podríamos arañarlas.

  A la hora de almacenarlos, hay que tener en cuenta que el borde de la cuchilla debe estar protegido para evitar cortes en las personas que los utilicen.

  Cada cierto tiempo, cuando notemos que el rascavidrios deja de ser eficaz, se debe utilizar un recambio de cuchilla y desechar la antigua.

- **La pértiga:** recordemos que la mayoría de ellas está fabricada en aluminio para evitar que su peso sea muy elevado. Por ello, es importante impedir que se deforme, evitando los golpes o el apretado excesivo de las diferentes partes.

  Cuando hayamos terminado de utilizarla, se deberá secar cuidadosamente. Hay que recordar que las pértigas son cilindros huecos en cuyo interior es muy normal que se depositen restos del agua utilizada en la limpieza de cristales. Por ello, se debe almacenar es posición vertical para facilitar la eliminación de esa agua y evitar así el deterioro del útil.

- **Máquinas de limpieza de superficies acristaladas:** además de las indicaciones que cada fabricante haga sobre el mantenimiento de las máquinas, existe una serie de recomendaciones generales para las máquinas que necesitan electricidad para funcionar. Entre ellas encontramos las siguientes:

  · Revisar el cableado de corriente antes y después de cada uso, evitando aplastamientos.

  · Los exteriores de la maquinaria: debe limpiarse cada vez que se termine de usar, evitando así que se deteriore por la acumulación de suciedad sobre los rodamientos.

  · Revisión de depósitos de agua: antes de comenzar a utilizar cualquier maquinaria que necesite agua, es necesario verificar que el depósito está lleno, ya que el motor puede estropearse si le falta agua.

  · Baterías: la maquinaria que funciona con batería debe revisarse para evitar que en el momento de utilizarse esté descargada. Se debe garantizar un completo cargado de la batería, ya que se produce una reducción de la eficacia de la misma si se carga de manera parcial sistemáticamente. Los electrodomésticos deben cargarse en un lugar alejado del paso de personas para evitar accidentes.

2.4. Utilización de los útiles y herramientas de trabajo: criterios que hay que seguir

En la actualidad, las herramientas más utilizadas a la hora de limpiar los cristales de los edificios y locales son el mojador y el limpiacristales.

Para una limpieza eficaz se realizarán los siguientes pasos:

- Se preparan todas las herramientas y accesorios necesarios para la limpieza, teniendo en cuenta si el cristal está en el exterior o interior y la altura a la que se encuentra y se dejarán todas cerca de la zona de trabajo, pero no en las vías de paso para evitar tropiezos. Como resumen necesitaremos:

- · Cubo.

- · Mojador.

- · Limpiacristales.

- · Producto de limpieza.

- · Tubo telescópico (en caso de que estén situados a altura).

- · Bayeta.

- · Rascavidrios.

- · Etc.

- Se debe llenar el cubo del cristalero con agua. Se le añadirá un detergente apropiado para la suciedad que queramos eliminar. Como referencia, un lavavajillas suele ser muy útil. Mezclar la solución con el agua.

- Se insertará el tubo telescópico en el mojador si es necesario.

- El mojador será introducido en la mezcla hasta que esté completamente humedecido para, a continuación, escurrirlo presionándolo con las manos, desde un extremo a otro.

- Se acerca el mojador al cristal, comenzando por la parte más alta, hacia la parte inferior, dibujando una «S» para que no quede ninguna zona sin mojar.

- A continuación, es el momento de elegir si se debe utilizar el rascavidrios o el limpiacristales:

  - · Si se utiliza el rascavidrios, se apoyará en las zonas en las que la suciedad esté adherida y sea difícil de eliminar sin la utilización de este material. Se debe evitar el roce con los marcos, ya que podrían arañarse. A continuación se utilizará el limpiacristales.

  - · Si se utiliza el limpiacristales, al igual que con el mojador, se comenzará a utilizar desde la parte superior a la inferior, dibujando también una «S», sin levantarlo de la superficie. Toda el agua y los residuos se irán recogiendo de arriba abajo. En el caso que la cantidad de agua sea excesiva, se sacudirá el limpiacristales para poder proseguir eficazmente.

- En el caso en el que se necesite utilizar el tubo telescópico, se acoplará el mango articulado que facilita la posibilidad de realizar el movimiento comentado, mejorando así los resultados.
- Al finalizar, quedarán restos de agua en los marcos y alféizares que deberán ser recogidos con una bayeta que sea absorbente.

2.5. Utilización de productos de limpieza específicos

Existe una gran cantidad de productos específicos de limpieza para superficies acristaladas.

Por lo general, la mayoría de las superficies tienen la dificultad de que son superficies porosas, por lo que la absorción de la suciedad es un gran impedimento en la limpieza de las mismas.

Esta dificultad no la vamos a encontrar en los cristales, ya que su porosidad es casi imperceptible.

Una de las mayores complicaciones en la limpieza de cristales supone los restos calcáreos producidos por el agua.

El agua tiene cal y minerales que se mantienen en las superficies una vez que se ha evaporado el líquido. La adherencia al cristal de este tipo de restos se ve facilitada por el sol, ya que hace que se fijen a las superficies.

Los productos antical pueden ayudar en la eliminación de estos restos. Por otra parte, también puede utilizarse el gel recomendado para placas vitrocerámicas, que darán brillo a las superficies.

Para los restos de pegamento, se podrá utilizar alcohol.

La aplicación de estos productos debe ser a través de bayetas o gamuzas, utilizando los estropajos blancos o azules, que son menos agresivos, para provocar fricción sobre los cristales. Los rascavidrios son también muy prácticos.

2.5.1. Clasificación

Cuando nos encontramos con la necesidad de utilizar un producto de limpieza, son muchas las opciones que el mercado nos ofrece.

El criterio que se debe seguir a la hora de elegir es el de idoneidad. Hay que tener en cuenta los siguientes criterios:

- Qué se va a limpiar.
- Sobre qué material se va a utilizar.

- Qué tipo de suciedad se va a tratar.

- El precio.

- El grado de peligrosidad que tiene su uso.

- Etc.

Una vez que se conozcan estos criterios, será más fácil elegir qué productos son los que se deben adquirir.

Hay que tener en cuenta que las empresas suelen disponer de sus propios productos, por lo que, en la mayoría de los casos, el personal de limpieza podrá sugerir la compra de unos u otros, argumentando mejores resultados, pero no podrá elegir libremente cuáles se utilizarán.

Los productos de limpieza se pueden clasificar según distintos criterios:

- Según el pH.

- Según las características de limpieza.

A) CLASIFICACIÓN SEGÚN EL pH

Cuando hacemos referencia al pH de cualquier producto, en el caso de los productos de limpieza, nos referimos a la concentración de protones (iones de hidrógeno) que contiene una disolución.

Es el indicador de número de iones de hidrógeno que contiene un producto. Muestra la acidez de una sustancia.

Conocer el pH de los productos que se utilizan es imprescindible en las tareas de limpieza, ya que determinará sobre qué materiales se puede utilizar y sobre cuáles no está recomendado su uso.

El resultado en la medición tendrá un valor contenido entre 0 y 14. Si el número de protones e iones es igual, la sustancia es neutra. Su pH tendrá un valor próximo a 7.

Las soluciones con un pH por encima de 7 se consideran sustancias básicas.

Cuando el pH está por debajo de 7 se considera una sustancia ácida.

Productos ácidos

A continuación se ofrece una tabla en la que se relaciona el pH en los productos y su utilización.

ACIDEZ	PRODUCTO	INDICACIONES
Muy ácidas (entre 0-3)	Detergentes, limpieza de obra de primera ocupación o reforma para eliminar cemento.	No se recomienda su uso sobre aluminio, mármol o superficies esmaltadas.
Acidez débil (entre 3-6)	Busca proporcionar desinfección y limpieza: · Ácido clorhídrico: limpiametales, limpiadores de WC, limpiadores de piscinas. · Ácido sulfúrico: baterías de automóviles, limpiadores de sumideros, agua fuerte (sulfúrico + nítrico). · Bisulfito sódico: limpiadores de WC · Ácido oxálico: desinfectantes, pulidores de muebles, limpiadores de metal, manchas de tinta y óxido. · Ácido fluorhídrico: productos antiherrumbre (ácido débil). · Formaldehído (ácido fórmico): tabletas desodorantes, fumigantes, productos para reparar plásticos. · Ácido carbólico: antisépticos, conservantes.	Se puede utilizar sobre superficies no delicadas.

Productos alcalinos o básicos

ACIDEZ	PRODUCTO	INDICACIONES
Básicos leves (entre 9-12)	Detergentes de todo uso para realizar limpiezas profundas.	Todas las superficies.
Básicos (entre 12-14)	Detergentes alcalinos utilizados en fachadas para separar partículas de grasa. En este grupo se encuentran también productos desatascadores. · Hidróxido sódico o potásico: detergentes, decapantes de pintura, limpiadores de sumideros, limpiahornos, tabletas de clinitest, limpiadentaduras. · Hipocloito sódico: lejías, limpiadores. · Sales sódicas (boratos, fosfatos): detergentes, productos para lavaplatos eléctricos, reblandecedores del agua. · Amoníaco: limpiadores de W.C., limpieza y pulimento de metales, colorantes y tintes para el cabello, productos de antiherrumbre, productos para la limpieza de joyas. · Permanganato sódico.	Son perjudiciales para ciertos soportes fabricados erivados del petróleo como gomas o caucho; También son muy perjudiciales para superficies de lana.
Neutros (entre 6-9)	Tareas de conservación y protección incluye la gama de champús.	Moquetas.

B) CLASIFICACIÓN SEGÚN LAS CARACTERÍSTICAS DE LIMPIEZA

Los productos de limpieza también se pueden clasificar según el tipo de suciedad que se pretende eliminar.

Conociendo este dato y los anteriores facilitados, como el pH, es fácil saber qué producto es el más adecuado para el tipo de limpieza que se quiera hacer.

Para ofrecer una explicación los más simplificada posible, agruparemos los tipos de productos químicos en tres. Serán los siguientes:

PRODUCTOS LIMPIADORES	• Recomendados para la limpieza de todo tipo de superficies. • Eliminan cualquier suciedad que contengan. • Pueden destruir una estructura no deseada. • Pueden tener propiedades alcalinas o ácidas en función del tipo de suciedad que se quiera eliminar. • Los encontraremos con indicaciones de uso diario o de uso específico.
PRODUCTOS DE MANTENIMIENTO	• Están concebidos para uso diario sin perjuicio de la superficie sobre la que se utiliza. • Podemos encontrar productos con pH neutro y mixto que combinen su capacidad de limpieza con su poder de mantenimiento.
PRODUCTOS DE PROTECCIÓN	• Se utilizan para la protección de superficies delicadas a través de una fina capa cristalina o de grasa. • No se usan para limpiar suciedades.

2.5.2. Aplicación de las normas básicas de uso

En todos los envases de los productos de limpieza, cada fabricante incorpora una serie de instrucciones sobre las normas de utilización. Estas instrucciones están situadas en los envases y cada vez son más completas y claras. Al igual que las normas de utilización, también se incorporan en la etiqueta, los riesgos que conlleva su uso. Todo ello está regulado a través de leyes que regulan el contenido de dicha información.

Para realizar un uso adecuado de los productos químicos, es necesario que estas normas sean conocidas por las personas que los utilicen.

Es responsabilidad de las personas que manipulan los productos químicos, conocer cómo aplicarlos. Una mala manipulación de los mismos puede derivar en un accidente fatal.

Como indicación general, se recomienda que se sigan exhaustivamente las instrucciones del fabricante sobre las cantidades que hay que utilizar y sobre la idoneidad o no de utilizarlos diluidos en agua. En tal caso, también se deben respetar las proporciones de agua y producto que se hagan. No por utilizar una mayor cantidad de producto nos aseguraremos una mayor higiene. Por ello, se recomienda la utilización de envases dosificadores que facilitarán el uso de cantidades adecuadas.

En el etiquetaje de los productos que se utilizarán, se recoge, entre otras, la siguiente información:

- Nombre de la sustancia o del preparado.

- Nombre, dirección y teléfono del fabricante o importador.

- Símbolos e indicaciones de peligro para destacar los riesgos principales.

A partir del 1 de junio de 2015, el Reglamento sobre clasificación, etiquetado y envasado (CLP) establece la forma de clasificar, etiquetar y envasar sustancias y mezclas químicas peligrosas conforme a una serie de símbolos y códigos universales que se recogen a continuación en la siguiente tabla:

PELIGROS FÍSICOS Y QUÍMICOS		
	Explosivo	**Clasificación:** explosivo inestable; explosivo; peligro de explosión en masa; grave peligro de proyección; peligro de incendio, de onda expansiva o de proyección. **Precaución:** mantener alejado de fuentes de calor, chispas, llama abierta o superficies calientes. No fumar. Llevar guantes, prendas, gafas, máscara de protección. Utilizar el equipo de protección individual obligatorio. Riesgo de explosión en caso de incendio.

PELIGROS FÍSICOS Y QUÍMICOS

	Inflamable	**Clasificación:** gas extremadamente inflamable, gas inflamable, aerosol extremadamente inflamable, aerosol inflamable, líquido y vapores muy inflamables, líquido y vapores inflamables, sólidos inflamables. **Precaución:** no pulverizar sobre una llama abierta u otra fuente de ignición. Mantener alejado de fuentes de calor, chispas, llama abierta o superficies calientes. No fumar. Mantener el recipiente cerrado herméticamente. Mantener en un lugar fresco. Proteger de la luz del sol.
	Gas a presión	**Clasificación:** contiene gas a presión; peligro de explosión en caso de calentamiento. Contiene gas refrigerado; puede provocar quemaduras o lesiones criogénicas. **Precaución:** proteger de la luz del sol. Llevar guantes, gafas, máscara que aíslen del frío. Consultar a un médico inmediatamente.
	Corrosivo	**Clasificación:** puede ser corrosivo para los metales. Provoca quemaduras graves en la piel y lesiones oculares graves. **Precaución:** no respirar el polvo, el humo, el gas, la niebla, los vapores, el aerosol. Lavarse concienzudamente tras la manipulación. Llevar guantes, prendas, gafas, máscara de protección. Guardar bajo llave. Conservar únicamente en el recipiente original.
	Comburente	**Clasificación:** puede provocar o agravar un incendio; comburente. Puede provocar un incendio o una explosión; muy comburente. **Precaución:** mantener alejado de fuentes de calor, chispas, llama abierta o superficies calientes. No fumar. Llevar guantes, prendas, gafas, máscara de protección. Aclarar inmediatamente con agua abundante las prendas y la piel contaminadas antes de quitarse la ropa.

		PELIGROS PARA LA SALUD

	Toxicidad aguda	**Clasificación:** mortal en caso de ingestión. Mortal en contacto con la piel. Mortal en caso de inhalación. Tóxico en caso de ingestión. Tóxico en contacto con la piel. Tóxico por inhalación. **Precaución:** lavarse concienzudamente tras la manipulación. No comer, beber ni fumar durante su utilización. En caso de ingestión, llamar inmediatamente a un centro de información toxicológica o a un médico. Enjuagarse la boca. Almacenar en un recipiente cerrado. Evitar el contacto con los ojos, la piel o la ropa. Llevar guantes, prendas, gafas, máscara de protección. En caso de contacto con la piel, lavar suavemente con agua y jabón abundantes. Quitarse inmediatamente las prendas contaminadas. Lavar las prendas contaminadas antes de volverlas a utilizar. No respirar el polvo, el humo, el gas, la niebla, los vapores, el aerosol. Utilizar únicamente en exteriores o en un lugar bien ventilado. Llevar equipo de protección respiratoria. En caso de inhalación, trasportar a la víctima al exterior y mantenerla en reposo en una posición confortable para respirar. Guardar bajo llave.
	Peligros para la salud	**Clasificación:** puede irritar la vías respiratorias. Puede provocar somnolencia o vértigo. Puede provocar una reacción alérgica en la piel. Provoca irritación ocular grave. Provoca irritación cutánea. Nocivo en caso de ingestión. Nocivo en contacto con la piel. Nocivo en caso de inhalación. Nociva para la salud pública y el medio ambiente por destruir el ozono estratosférico. **Precaución:** evitar respirar el polvo, el humo, el gas, la niebla, los vapores, el aerosol. Utilizar únicamente en exteriores o en un lugar bien ventilado. En caso de inhalación, transportar a la víctima al exterior y mantenerla en reposo en una posición confortable para respirar. En caso de ingestión, llamar a un centro de información toxicológico o a un médico en caso e malestar. Llevar guantes, prendas, gafas, máscara de protección. En caso de contacto con la piel, lavar con agua y jabón abundantes. En caso de contacto con los ojos, aclarar cuidadosamente con agua durante varios minutos. Quitar las lentes de contacto, si lleva y resulta fácil. Seguir aclarando. No comer, beber ni fumar durante su utilización.

PELIGROS PARA LA SALUD

	Peligro grave para la salud	**Clasificación:** puede irritar las vías respiratorias. Puede provocar somnolencia o vértigo. Puede provocar una reacción alérgica en la piel. Provoca irritación ocular grave. Provoca irritación cutánea. Nocivo en caso de ingestión. Nocivo en contacto con la piel. Nocivo en caso de inhalación. Nociva para la salud pública y el medio ambiente por destruir el ozono estratosférico. **Precaución:** ingestión y penetración en las vías respiratorias. Perjudica a determinados órganos. Puede perjudicar a determinados órganos. Puede perjudicar la fertilidad o al feto. Se sospecha que daña la fertilidad o al feto. Puede provocar cáncer. Se sospecha que provoca cáncer. Puede provocar defectos genéticos. Se sospecha que provocar defectos genéticos. Puede provocar síntomas de alergia o asma o dificultades respiratorias en caso de inhalación. En caso de ingestión, llamar inmediatamente a un centro de información toxicológica o a un médico. No provocar el vómito. Guardar bajo llave. No respirar el polvo, el humo, el gas, la niebla, los vapores, el aerosol. Lavarse concienzudamente tras la manipulación. No comer, beber ni fumar durante su utilización. Consultar a un médico en caso de malestar. En caso de exposición, llamar a un centro de información toxicológica o aun médico. Solicitar instrucciones especiales antes del uso. No manipular la sustancia antes de haber leído y comprendido todas las instrucciones de seguridad. Utilizar el equipo de protección individual obligatorio. En caso de exposición manifiesta o presunta, consultar a un médico. Evitar respirar el polvo, el humo, el gas, la niebla, los vapores, el aerosol. En caso de ventilación insuficiente, llevar equipo de protección respiratoria. En caso de inhalación, si respira con dificultad, transportar a la víctima al exterior y mantenerla en reposo, en una posición en la que pueda respirar confortablemente.
	Corrosivo	**Clasificación:** provoca quemaduras graves en la piel y lesiones oculares graves. **Precaución:** no respirar el polvo, el humo, el gas, la niebla, los vapores, el aerosol. Lavarse concienzudamente tras la manipulación. Llevar guantes, prendas, gafas, máscara de protección. Guardar bajo llave. Conservar únicamente en el recipiente original.

PELIGROS PARA EL MEDIO AMBIENTE		
	Peligro para el medio ambiente	**Clasificación:** en el caso de ser liberado en el medio acuático y no acuático puede producirse un daño del ecosistema por cambio del equilibrio natural, inmediatamente o con posterioridad. Ciertas sustancias o sus productos de transformación pueden alterar simultáneamente diversos compartimentos. **Precaución:** según sea el potencial peligro, no dejar que alcancen la canalización, en el suelo o en el medio ambiente. Observar las prescripciones de eliminación de residuos especiales.

Todos los envases incluyen el teléfono del Servicio de Información Toxicológica (SIT). Este es muy importante, ya que cumple con las siguientes funciones:

- Identifica los ingredientes. Los limpiadores cambian a menudo su composición y es importante conocer la actual en el momento del accidente.

- Es posible que la exposición haya sido a varios productos y que el tratamiento para un caso no sea el adecuado para el otro, o incluso llegue a estar contraindicado.

- La mayoría de los accidentes suelen ser poco importantes, por lo que se suele evitar la visita a urgencias tras la llamada al Servicio de Información Toxicológica.

Los primeros auxilios dependerán del tipo de tóxico que esté presente. Será siempre necesario consultar al SIT antes de adoptar cualquiera medida.

Estos riesgos se pueden clasificar de forma resumida en tres tipos según sobre qué recaiga el perjuicio. Son los siguientes:

- Riesgos relacionados con las superficies, mobiliario u objeto para limpiar.

- Riesgos que afectan a las personas que utilizan los productos de limpieza o que se encuentran en las inmediaciones de la zona objeto de limpieza.

- Riesgos que afectan al medio ambiente.

En relación con los primeros, es necesario seguir las indicaciones para evitar que se utilicen sobre un material para el que no están indicados, pudiendo deteriorar las superficies de forma irreversible, provocando una pérdida de color o de alguna de sus cualidades. Si no se está muy seguro de si se puede utilizar el producto en cuestión sobre ese material, se puede hacer una prueba en un lugar que no esté a la vista y, así, comprobar si son o no compatibles.

Por otra parte, estos riesgos pueden afectar a las personas que manipulan los productos y a los que se encuentran en el entorno a través de las siguientes acciones:

- Contacto directo con productos: en una mala manipulación de los productos se puede dar el contacto con los mismos y, siendo estos irritantes o corrosivos, pueden producir irritación o quemaduras en la piel o los ojos. Estos efectos pueden aparecer inmediatamente o en un espacio de tiempo más largo en cuyo caso podría provocar alergias, eczemas, etc.

- Inhalación de productos tóxicos por vía respiratoria: nos referimos a la inhalación de productos químicos que contaminan el ambiente de trabajo a través de los vapores o gases irritantes que desprenden. Los efectos pueden ser la intoxicación por inhalación. Hay algunos productos cuya mezcla desprende unos gases que son muy tóxicos, por lo que se recomienda evitar el contacto entre cualquier tipo de producto.

- Incendio y explosión: estos riesgos se presentan en productos inflamables o combustibles manipulados cerca de focos de calor, así como pulverizadores como, por ejemplo, espráis.

Por último, los riesgos pueden afectar al medio ambiente. Hay que ser consciente de que los productos químicos son artificiales y suelen ser difíciles de asimilar por el medio natural. Para evitar los perjuicios que pueden causar, se deben tomar las siguientes precauciones:

- Promover un uso racional de los productos de limpieza.

- Promover el uso de productos ecológicos.

- Evitar desechar los productos químicos por los desagües.

Existen momentos que son más propicios para que ocurran accidentes, como, por ejemplo, cuando se realiza el trasvase de productos de unos envases a otros.

Para evitar los accidentes relacionados con los productos químicos, se recomienda que se tomen las siguientes medidas:

- Mantener las etiquetas de los envases originales de estos productos.

- Respetar las recomendaciones que contengan dichas etiquetas.

- Siempre que sea posible, sustituir los productos más peligrosos por otros que no lo sean.

- Utilizar los productos ecológicos siempre que sea posible. Los productos ecológicos son una serie de productos de limpieza que cada vez son menos tóxicos y generan menos riesgo para la salud de las personas que los manipulan, aunque no hay que olvidarse de que la manipulación de cualquier producto de limpieza entraña cierto riesgo para las personas que se dedican a esta profesión y las que se encuentran en las inmediaciones de las zonas que hay que limpiar. La mayoría de los accidentes ocurren por un exceso de confianza que hace que bajemos la alerta sobre las precauciones que hay que tomar.

- Utilizar los equipos de protección individual.

- A la hora de manipular sustancias que puedan desprender vapores o gases, es recomendable hacerlo en lugares donde exista la suficiente ventilación como para evitar que estos gases se acumulen y puedan ser inhalados.

- Evitar acercar los productos que puedan resultar inflamables a los focos de ignición.

- Mantener los recipientes de los productos químicos convenientemente cerrados.

- Evitar la mezcla de productos de limpieza.

- Almacenar los productos en lugares alejados de la manipulación de otras personas, sobre todo niños.

- Al aplicar un producto nuevo sobre una superficie, comprobar su efecto en un lugar poco visible.

En caso que se produzca algún accidente, se debe seguir el protocolo de actuación establecido que se explica en el siguiente gráfico:

PROTEGER
- Antes de actuar debemos tener la total seguridad de que tanto el accidentado como nosotros estamos fuera de peligro. En el caso de toxicidad por productos de limpieza, será necesario tener constancia de que estamos alejados del producto en cuestión de forma que no pueda continuar siendo perjudicial para nosotros.

AVISAR
- Siempre que sea posible avisaremos a los servicios sanitarios sobre la existencia del accidente y así pasamos a activar el plan de emergencia, para pasar a socorrer mientras esperamos la ayuda profesional. Será de gran ayuda informar sobre el producto que ha provocado la intoxicación y los efectos que ha tenido sobre el accidentado.

SOCORRER
- Una vez hemos protegido y avisado actuaremos sobre el accidentado reconociendo sus signos vitales.

Como norma general, se actuará de la siguiente forma:

Si se inhalan vapores tóxicos	• Retirar el sujeto de la zona lo antes posible. • Situar al intoxicado en una zona bien ventilada y oxigenada. • Acudir a urgencias.
Si el producto químico salpica sobre los ojos	• Retirar las lentillas. • Lavar el ojo con agua o suero fisiológico. • Acudir a urgencias.
Si se derrama un cáustico o un irritante sobre la piel	• Retirar ropa, joyas, etc., que actúan como reservorio del producto. • Lavar la zona inmediatamente. • Es importante evitar que la persona que está haciendo la descontaminación se exponga al producto.
Cuando se ingiere un cáustico	• Retirar con gasa los restos de la boca, no tragar. • No inducir el vómito. • Asistir a urgencias a la mayor brevedad posible.
Ingestión de producto de limpieza con tensioactivos/ agentes espumógenos	• Si la ingesta ha sido escasa: se pueden ingerir antiespumantes como aceite, una cucharadita, y líquidos como agua o leche, uno o medio vaso ingerido a pequeños sorbos. • Si ha sido elevada, de debe valorar en urgencias. • No es recomendable provocar el vómito.
En caso de ingestión de lejía	• Pequeñas cantidades: evitar el vómito. Líquidos albuminosos (un vaso de agua o leche más una clara de huevo batida). • Si se toma en cantidades mayores, es imprescindible la asistencia a urgencias.

2.5.3. Dosificación y utilización de los dosificadores

Cuando hablamos de dosificación en relación con los productos de limpieza, nos referimos a la cantidad de producto, la dosis, que debemos utilizar para realizar una correcta limpieza.

Podemos encontrar los productos de limpieza en dos estados:

- Producto terminado: la materia prima del producto, es decir, la formulación donde se contienen las características de limpieza, el pH, el olor, etc., se encuentra diluida con otra sustancia, generalmente agua. Por lo habitual, el producto que se encuentra en este estado se pude utilizar sin mezclar con más agua.

  Una de las ventajas que ofrecen los productos en este estado es que se evita la manipulación de los mismos, necesaria para realizar la mezcla. Como aspecto negativo, se puede comentar que los envases son más grandes, suponiendo un coste mayor y una necesidad de mayor espacio para almacenaje.

- Producto concentrado: se encuentra en estado puro, es decir, sin estar mezclado con otro producto. El fabricante aporta una serie de recomendaciones para indicar cómo mezclar el producto con agua y si se puede utilizar directamente concentrado. El aspecto positivo es que se comercializan en envases más pequeños, por lo que se puede ahorrar espacio de almacenaje y gasto económico. La parte negativa es que se necesita una mayor manipulación, ya que habrá que mezclarlo.

  Podemos adquirir el producto en un envase, de forma tradicional, o en sobres. Está cada vez más extendido este tipo de envases, ya que facilita el transporte. Podemos encontrar la materia prima en sobres, en los que se indica la cantidad de agua en la que se puede diluir, por ejemplo, un litro de agua para cada sobre. La mezcla se puede realizar introduciendo el contenido del sobre en una botella y añadiendo la cantidad de agua recomendada. Posteriormente, deberá ser removida para lograr una mezcla homogénea.

El producto, ya sea en estado concentrado o una vez diluido, deberá utilizarse en un dosificador. El uso de dosificadores facilita la reducción de la cantidad de producto que se derrama, ya sea por un uso inadecuado de las cantidades utilizadas o porque el envase contenedor se pueda caes y se produzcan derrames.

Hay varios tipos de dosificadores. A continuación comentaremos los más usuales:

- **Dosificadores automáticos:** está compuesto por varias bombas inyectoras, una para cada producto que, mediante un tubo, aspira una dosis al envase del dosificador donde previamente se ha introducido el agua que sirve como sustancia complementaria.

- **Dosificadores manuales:** se utiliza el mismo sistema anterior, pero el mecanismo para enviar la dosis a los envases está formado por una palanca que debe ser accionada manualmente.

- **Envases dosificadores:** en este tipo de dosificadores, la materia prima se reserva en un envase que se comunica con otro recipiente adherido al primero a través de un conducto que hace las veces de dosificador.

EN ESTE CAPÍTULO HEMOS APRENDIDO:

- Que la calidad de la limpieza depende, entre otros, de la buena elección de los útiles y de cómo se conozca su utilización.

- Las herramientas específicas para la limpieza de superficies acristaladas debe reunir una serie de características:

  · Que estén fabricados con materiales inoxidables o resistentes al agua.

  · Que sean ligeros.

  · Que tengan un sistema anticaídas.

  · Que haya repuestos para las piezas que más desgaste tengan.

- Las herramientas más utilizadas en la limpieza de superficies acristaladas son:

  · El mojador que se utiliza para mojar el cristal.

  · La regleta que se utiliza para recoger el agua de las superficies.

  · Los tubos telescópicos, muy útiles para la limpieza de cristales situados en zonas altas.

  · Pinzas, muy úiles para sujetar un cepillo o rascavidrios en el extremo del tubo telescópico.

  · Rascavidrios, utilizado para eliminar la suciedad adherida a la superficie.

  · Cubos, como complemento a las herramientas de limpieza.

- Es muy importante seguir las indicaciones el fabricante en cuanto a la dosificación del producto utilizado y las normas de seguridad para evitar accidentes fatales.

- Los productos químicos pueden comercializarse en estado puro o mezclados con sustancia complementaria. En el primer caso se llamará producto concentrado.

- Los dosificadores se utilizan para reducir la cantidad de producto que se desperdicia. Existen distintos tipos:

  · Dosificador automático.

  · Dosifcador manual.

  · Envases dosificadores.

CASO PRÁCTICO

Limpieza de cristales en un edificio de oficinas de 4 plantas + planta baja

La empresa Cristales Limpios S. A. ha sido contratada para realizar la limpieza de los cristales exteriores de un edificio de oficinas de 5 plantas. Los cristales están muy sucios debido a la acumulación de polvo, polución y suciedad adherida por la lluvia. El edificio tiene ventanales de vidrio templado y algunos cristales curvados en las esquinas, lo que requiere el uso de herramientas específicas. Realizar una limpieza eficiente y segura para el personal, utilizando los útiles y herramientas adecuadas, y siguiendo las normas de seguridad.

SOLUCIÓN:

Fase 1: Preparación de las herramientas y equipos.

Antes de comenzar la limpieza, el equipo de Cristales Limpios S. A. se asegura de tener los siguientes útiles y máquinas preparados:

- Cubo de limpieza con agua y detergente adecuado.

- Mojadores con material de microfibra y soportes de aluminio.

- Limpiacristales con mango ergonómico y varilla de acero inoxidable.

- Tubo telescópico de aluminio de 8 metros para alcanzar las ventanas más altas.

- Rascavidrios con cuchillas de repuesto, para eliminar suciedad muy adherida.

- Bayetas absorbentes para los restos de agua en los marcos y alféizares.

- Además, se confirma que todos los mangos de las herramientas están en buen estado.

Fase 2: Limpieza de los cristales exteriores.

El equipo comienza la limpieza del primer piso de forma sistemática:

Preparación del cubo de limpieza: se llena con agua y se añade detergente adecuado, como lavavajillas o un detergente específico para cristales.

Uso del mojador: el mojador se humedece con la mezcla de agua y detergente, y luego se escurre para evitar el goteo. El equipo comienza a limpiar los cristales exteriores de arriba abajo, dibujando una «S» con el mojador, asegurándose de que toda la superficie esté bien mojada.

Uso de rascavidrios (si es necesario): en aquellas zonas donde la suciedad está muy adherida y no se elimina fácilmente con el mojador, se utiliza el rascavidrios para raspar con suavidad y sin dañar el vidrio. El rascavidrios se aplica solo en las zonas donde hay manchas persistentes. La cuchilla debe cambiarse si está desgastada.

Uso del limpiacristales: a continuación, se utiliza el limpiacristales para retirar el exceso de agua. El operario comienza desde la parte superior del cristal y hace movimientos de «S» sin levantar el limpiacristales, para evitar dejar marcas. Cuando se acumula demasiada agua, se sacude el limpiacristales y se continúa con el movimiento.

Fase 3: Finalización del trabajo y cuidados poslimpieza.

Secado de los marcos y alféizares: después de terminar la limpieza de los cristales, el equipo usa bayetas absorbentes para eliminar cualquier exceso de agua en los marcos y alféizares de las ventanas.

Almacenaje y cuidado de herramientas: una vez terminada la limpieza, el equipo limpia y guarda adecuadamente todas las herramientas. El limpiacristales se enjuaga para eliminar cualquier resto de suciedad o detergente. El mojador se desmonta y se seca para evitar que se acumule humedad. Se revisan los rascavidrios para asegurar que las cuchillas no estén desgastadas, y si es necesario, se les coloca un recambio.

ACTIVIDADES

2.1. ¿Por qué es importante conocer los diferentes útiles y herramientas para la limpieza de cristales?

2.2. ¿Cuáles son los criterios clave para elegir los útiles adecuados para limpiar superficies acristaladas?

2.3. Explica brevemente cómo se utiliza un mojador en la limpieza de cristales.

2.4. ¿Qué cuidados deben tenerse al almacenar y conservar las herramientas de limpieza de cristales?

2.5. ¿Cuál es el proceso de limpieza de cristales utilizando un mojador y un limpiacristales?

2.6. ¿Cuál de los siguientes factores NO debe ser considerado al elegir un producto de limpieza?
   a) El tipo de suciedad que tratar.
   b) El pH del producto.
   c) El color del envase.
   d) El precio del producto.

2.7. ¿Qué dificultad principal presentan las superficies porosas en el proceso de limpieza?

2.8. Explica la diferencia entre un producto de limpieza ácido y uno básico. ¿En qué tipo de superficies o situaciones se recomienda el uso de cada uno?

2.9. ¿Qué tipo de producto es adecuado para la protección de superficies delicadas y por qué?

2.10. ¿Por qué es importante seguir las instrucciones de uso de los productos de limpieza? Menciona al menos dos consecuencias de no hacerlo correctamente.

GLOSARIO DE TÉRMINOS

Acristalado: proceso o resultado de cubrir una superficie con cristal o vidrio.

Aluminio: material metálico ligero y resistente, utilizado en la fabricación de herramientas de limpieza.

Ángulo articulado: sistema que permite la movilidad en tubos telescópicos para facilitar la limpieza en superficies de difícil acceso.

Banda abrasiva: superficie rugosa incorporada en algunos mojadores para eliminar suciedad adherida.

CLP (clasificación, etiquetado y envasado): reglamento que establece normas para clasificar, etiquetar y envasar sustancias y mezclas químicas peligrosas.

Descalcificación: proceso de eliminación de minerales como el calcio del agua, común en la purificación mediante osmosis inversa.

Durabilidad: tiempo de vida útil de un producto, influenciado por la calidad de los materiales de fabricación.

Envase dosificador: recipiente diseñado para controlar la cantidad de producto utilizada en la limpieza.

Ergonomía: diseño de herramientas y equipos para que sean cómodos y eficientes en su uso.

Etiquetado: información impresa en los envases de productos de limpieza que incluye nombre, fabricante, advertencias y símbolos de peligrosidad.

Filtro de carbono activo: componente utilizado para eliminar impurezas del agua en sistemas de osmosis.

Filtro desmineralizador: dispositivo que elimina minerales del agua para mejorar la calidad de limpieza sin dejar marcas.

Mango telescópico: tubo extensible que permite alcanzar superficies altas sin necesidad de escaleras.

Microfibra: tejido sintético de alta absorción utilizado en mojadores y sistemas de limpieza.

Mojador: herramienta utilizada para aplicar agua y detergente sobre la superficie de cristal antes de limpiarlo con el limpiacristales.

Osmosis inversa: proceso de purificación del agua que elimina minerales y cal, evitando residuos en los cristales.

Pértiga: barra larga y ligera que se usa para extender el alcance de herramientas de limpieza.

pH: medida que indica la acidez o alcalinidad de una sustancia en una escala de 0 a 14.

Pinza de aluminio: dispositivo que se acopla a tubos telescópicos para sujetar cepillos o esponjas.

Producto antical: sustancia utilizada para eliminar residuos calcáreos en superficies.

Rascavidrios: herramienta con cuchilla utilizada para eliminar suciedad incrustada en cristales.

Sistema de agua osmotizada: tecnología que purifica el agua para mejorar la limpieza de superficies sin dejar residuos.

Sistema de seguridad anticaídas: mecanismo incorporado en herramientas para evitar accidentes en trabajos en altura.

Solución de limpieza: mezcla de agua y detergente utilizada para limpiar cristales.

3. Medidas relacionadas con la seguridad y salud de los trabajadores

Contenido

En este capítulo vamos a aprender a:

- Identificar los riesgos asociados a la limpieza de superficies.

- Conocer los riesgos que se relacionen con el centro en el que se preste el servicio.

- A identificar y valorar como medio de protección de los trabajadores, los sistemas individuales de protección.

- Reconocer los riesgos que conlleva la limpieza en altura y evitar los accidentes.

- Identificar los momentos de riesgo por la presencia de personas en la zona de trabajo, utilizando las medidas de seguridad existentes para evitar accidentes.

La labor que se desempeña como personal de limpieza implica una serie de riesgos que merece la pena tener en cuenta.

A diario, y debido al ritmo de vida que se lleva en general, junto con la rutina de la que todos somos objeto, se suele caer en quitarle importancia a los riesgos que nuestro trabajo implica.

Tanto si se trabaja directamente con la empresa en la que se desempeña la labor como si los servicios están externalizados, es imprescindible tener una serie de conocimientos que harán que nuestro desempeño diario sea mucho más seguro.

Es importante conocer unas definiciones que nos ayudarán a darle la importancia que tiene la prevención de riesgos en el puesto de trabajo. Son las siguientes:

- Riesgo laboral: es la probabilidad que un trabajo tiene de perder la salud a consecuencia del trabajo que realiza. Los riesgos laborales se pueden clasificar, según los agentes causantes, en los siguientes:

  - Mecánicos: máquina sin protección, peligros de los locales, vehículos.

  - Físicos: ruido, radiaciones, temperatura, grado de humedad.

  - Químicos: vapores, productos químicos, polvos, disolventes.

  - Biológicos: bacterias, hongos, parásitos.

  - Ergonómicos: manipulación de cargas, sobreesfuerzos.

  - Psíquicos: ritmo de trabajo, horarios, trabajos repetitivos.

  - Sociales: estilo de mando, valoración, salario, reconocimiento.

- Condiciones de trabajo: son las características del puesto de trabajo y se refiere a su organización, horarios, formación de los trabajadores, etc.

- Factores de riesgo: los factores de riesgo son las condiciones que pueden propiciar la exstencia de un riesgo.

- Daños derivados del trabajo. Se pueden dividir en dos:

  - Accidentes de trabajo: se refiere a las lesiones corporales que el operario sufre como consecuencia del trabajo que realiza, provocado por un accidente que se presenta de forma imprevista. En este apartado se incluyen los accidentes que el trabajador pueda padecer en el camino de ida y vuelta al centro de trabajo o los desplazamientos que se realicen durante el trabajo.

  - Enfermedades profesionales: su definición técnica es «toda alteración o pérdida de salud que experimente el trabajador y que tiene su origen en las condiciones ambientales a las que está expuesto de forma continuada en su puesto de trabajo».

- Prevención de riesgos laborales: se refiere a todas las actuaciones que se orientan a evitar o impedir que los riesgos laborales se conviertan en accidentes o enfermedades profesionales.

SABÍAS QUE…

La existencia de factores de riesgo en el puesto de trabajo no implica que se den accidentes de trabajo. Por ejemplo, un factor de riesgos puede ser la presencia de maquinaria en local, pero ello no implica que se den accidentes. Solo hay que tenerlo en cuenta para prevenir los incidentes.

Escanea el siguiente QR para saber más sobre la importancia de la prevención de riesgos laborales

---

La normativa fundamental que recoge todos los aspectos importantes en materia de riesgos laborales en Españey 31/1995 de prevención de riesgos laborales, junto con los reglamentos complementarios y de desarrollo. Su objetivo básico es promover la seguridad y salud de los trabajadores.

En ella se detallan los derechos y obligaciones referentes a la materia de prevención de riesgos laborales que los empresarios y trabajadores deben cumplir. Son las siguientes:

OBLIGACIONES DEL EMPRESARIO	• Garantizarán la seguridad y salud de los trabajadores. • Promoverán actividades de prevención, información y formación. • Cumplirán con la normativa de prevención de riesgos. • Organizarán el trabajo según la normativa de la prevención de riesgos.
OBLIGACIONES DEL TRABAJADOR	Los trabajadores tienen obligación de velar, de acuerdo con sus posibilidades, por su seguridad y salud, así como por la de las demás personas que puedan ser afectadas por sus actos u omisiones en el trabajo. Para ello, los trabajadores, según su formación y las instrucciones del empresario, deberán: • Utilizar correctamente herramientas, máquinas, sustancias peligrosas, equipos de transporte, etc., así como los equipos de protección individual (EPI). • No poner fuera de funcionamiento y utilizar correctamente los dispositivos de seguridad. • Indicar inmediatamente al empresario y/o a los trabajadores con funciones en prevención toda situación laboral que puede ser considerada peligrosa para la salud, o cualquier defecto en los sistemas de protección. • Contribuir al cumplimiento de todas las exigencias en materia de seguridad y salud en el trabajo. • Colaborar con el empresario para que este pueda garantizar que el medio y las condiciones de trabajo sean seguros y sin riesgos. • Evitar los riesgos. • Evaluar los riesgos que no se pueden evitar. • Combatir los riesgos en su origen. • Adaptar el trabajo a la persona. • Tener en cuenta la evolución técnica. • Sustituir lo peligroso por lo que entrañe poco o ningún peligro. • Planificar la prevención. • Adoptar medidas que antepongan la protección colectiva a la individual. • Dar las debidas instrucciones a los trabajadores.
DERECHOS DEL TRABAJADOR	El trabajador tendrá derecho a: • La formación adecuada. • Paralización de la actividad en caso de riesgo grave o inminente. • Vigilancia de la salud. • Realizar propuestas. • Efectuar denuncias.

3.1. Identificación de los riesgos relacionados con la limpieza de cristales

Los riesgos relacionados con la limpieza de cristales pueden estar producidos por alguno de los útiles o herramientas que se suelen utilizar.

El mismo cristal que se quiere limpiar esconde una serie de riesgos de los que no somos conscientes. Un cristal que se encuentra en mal estado puede romperse mientras lo están limpiando y, por ende, provocar un accidente. Se recomienda la revisión previa a la limpieza para evitar estas situaciones.

RIESGOS RELACIONADOS CON LOS ÚTILES, MÁQUINAS O HERRAMIENTAS	
La pértiga	Puede ocasionar golpes a otras personas. Es muy importante sujetarla firmemente y posarla sobre el suelo cuando no se esté utilizando, fuera de la zona de paso para evitar tropiezos.
El mojador y el limpiacristales	El principal problema que pueden presentar es la caída desde altura. Cuando se está limpiando sobre plataforma o andamio, se debe utilizar un dispositivo que sujete el mojador o limpiacristales mediante gancho de seguridad.
El rascavidrios	Los riesgos asociados al uso del rascavidrios son los cortes y las caídas. Para evitar esto último, es necesario el uso del gacho de seguridad, sujetándolo a la pértiga. Para lo primero, los rascavidrios suelen incorporar un cubre cuchillas que facilita la seguridad, aunque cuando está siendo utilizado se deben extremar las precauciones.
Uso de andamios	La limpieza de cristales exteriores se puede realizar desde los andamios que se dispongan. Las caídas durante el montaje y desmontaje son uno de los riesgos. El operario debe hacer uso de los elementos de protección. El casco, el arnés y el elemento de sujeción son imprescindibles.
Uso de máquinas elevadoras	Las máquinas elevadoras deben situarse en zonas en las que no exista desnivel. El uso de los elementos de seguridad para evitar caídas desde la altura es imprescindible.
Uso de andamios colgantes	Los accidentes suelen ocurrir por un mal montaje de las líneas de vida o por el uso indebido de ellas. El personal que realice estos trabajos debe estar altamente cualificado.
Utilización de escaleras	Los riesgos vienen derivados del estado de la escalera y del lugar donde se sitúe. Debe ser estable. El exceso de confianza, en general, es un mal aliado en estos casos. Los resbalones, a consecuencia del uso de agua, son también muy comunes.
Máquinas que utilizan vapor de agua	El principal riesgo deriva de la alta temperatura a la que sale el vapor, que puede provocar quemaduras. Será necesario evitar el contacto con el vapor. Por otra parte, el mayor peso de este tipo de maquinaria también supone un riesgo de daño a nivel muscular.

3.2. Riesgos relacionados con el centro de trabajo

a) Ocasionados por las instalaciones del centro de trabajo

Se puede decir que los riesgos relacionados con las instalaciones del centro de trabajo provienen de las características propias del mismo, es decir, que los riesgos dependerán de la forma en que esté construido, la resistencia, la distribución, etc.

Las instalaciones de los centros de trabajo serán distintas en función de la actividad que allí se realice. Esto debe tenerse en cuenta en la limpieza de cristales. Es necesario saber cómo afecta la disposición de las instalaciones a la seguridad de los empleados de limpieza, por ello se recomienda una primera valoración del espacio donde se llevará a cabo la labor. Si se detecta alguna zona de mayor peligro, se debe poner en conocimiento de las personas responsables.

- Con respecto a los suelos, pasillos y escaleras, deberán ser estables y sin irregularidades, así como con tratamiento antideslizante. Es importante extremar las precauciones en caso de superficies húmedas o enceradas.

  Las zonas donde existan obstáculos aumentan el riesgo de caídas.

  Las escaleras son igualmente una zona de mayor riesgo de accidentes.

- Ventanas: las ventanas deben estar preparadas para evitar que, cuando se abran, las hojas interrumpan el paso del personal. Por otra parte, se debe prestar mucha atención al proceso de limpieza de las mismas ya que puede suponer caídas.

- Las instalaciones eléctricas pueden producir accidentes muy graves. El riesgo aumenta cuando nos encontramos en condic humedad.

- Las diferencias de temperatura influyen también en el bienestar de los trabajadores.

b) Ocasionados por las condiciones laborales

Las condiciones laborales suponen también un riesgo para la salud de las personas. Los horarios nocturnos, las jornadas excesivas o los ritmos de trabajo muy acelerados también deben tenerse en cuenta, ya que pueden generar estrés y fatiga mental y física.

3.3. Utilización de los equipos de protección individual

Según se establece en el Artículo 2 del Real Decreto 773/1997, de 30 de mayo, se recoge que los equipos de protección individual (EPI) son «cualquier equipo destinado a ser llevado o sujetado por el trabajador para que le proteja de uno o varios riesgos que puedan amenazar su seguridad o su salud, así como cualquier complemento o accesorio destinado a tal fin».

Para limpieza de cristales a nivel y de altura constará de:

1. Protectores de la cabeza	
	• Cascos de seguridad si el centro de trabajo lo exige. • Prendas de protección para la cabeza (gorros, gorras, sombreros, etc., de tejido, de tejido recubierto, etc.) para todas las tareas realizadas en exterior en días soleados.
2. Protectores de los oídos	
	Pueden ser de diversos tipos y deberán utilizarlos los trabajadores del sector que realicen tareas en zonas con elevados niveles de ruido.
3. Protectores de los ojos y de la cara	
	Gafas y pantallas que deberán utilizarse en las actividades con riesgo de proyección de partículas.
4. Protección de las vías respiratorias	
	Se deberá elegir el tipo adecuado según sea para emplearlas a la hora de trabajar con productos químicos o para protegerse en zonas de polvo.

5. Protectores de manos y brazos

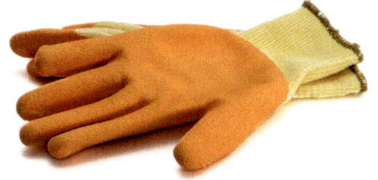

En la mayoría de las actividades de este sector, es necesario utilizar guantes de protección contra golpes y cortes y, en algunas, de protección contra productos químicos.

6. Calzado de seguridad o de protección

Con suela antideslizante al trabajar en zonas húmedas y con puntera reforzada si hay riesgo de caídas de objetos que puedan provocar aplastamiento en el pie.

7. Cinturón anticaídas

Equipos de protección contra las caídas de altura y arneses: para mantener sujeto al trabajador durante las tareas de limpieza.

Cuando se trabaje en andamios o sistemas colgantes hay que hacer uso de una línea de vida. En ella se enganchará el cinturón anticaídas mediante una cuerda provista de unos enganches llamados mosquetones.

8. Protección total del cuerpo

La ropa y accesorios (brazaletes, guantes) de señalización (reflectantes, fluorescentes) se utilizarán para mejorar la visualización cuando haya riesgo de atropello.

3.4. Aplicación de las medidas de seguridad específicas para trabajos en altura

En el trabajo de limpiador de cristales, hay muchas ocasiones en las que el trabajo en altura es necesario debido a que los ventanales se encuentran situados en lugares eleados o es necesaria la limpieza de los cristales exteriores de los edificios. En un principio vamos a ver la definición de trabajo en altura. Aunque no existe ninguna definición legal, podemos considerar como válido el concepto técnico que recoge lo siguiente: es toda labor que se realiza a más de 2 metros de altura sobre el suelo y que además presenta el riesgo de sufrir una caída libre.

El trabajo en altura es una de las actividades laborales que más peligro entraña. Los daños que sufre el cuerpo humano tras una caída libre suelen ser muy graves, llegando incluso a la muerte.

Las causas de las caídas desde altura se pueden resumir en las siguientes:

- Actuaciones incorrectas.

    · El personal carece de los conocimientos necesarios para llevar a cabo un trabajo en altura sin riesgos.

    · El personal carece de las capacidades físicas necesarias para este tipo de trabajo.

    · El personal no considera necesarias las medidas que se deben tomar en cuanto a prevención de riesgos laborales en trabajo en altura.

- Condiciones laborales.

    · Superficies de trabajo inseguras.

    · Condiciones climáticas adversas: lluvia, viento nieve, etc.

    · Equipos de trabajo inadecuados o en mal estado o ausencia de los mismos.

- Otros.

    · Presencia de energía eléctrica.

    · Iluminación insuficiente.

    · Espacios de trabajo reducidos.

    · Bordes cortantes o punzantes.

Las medidas de seguridad orientadas a la prevención de los accidentes de trabajo en altura se refieren al uso de sistemas personales para detención de caídas. Estos sistemas están compuestos por el arnés, el estrobo y la línea de vida.

3.4.1. El uso de escaleras

En las labores de limpieza de cristales suelen ser muy útiles las escaleras como medio para alcanzar las zonas más elevadas.

El principal peligro que entraña el trabajo en altura es el riesgo de caídas a distinto nivel, siendo esta la causa principal de accidentes graves y mortales en las actividades de limpieza.

Se proponen las siguientes medidas preventivas:

- Evitar el uso de medios de elevación siempre que sea posible. Se intentará trabajar desde el suelo con herramientas que tengan un mango suficientemente largo, como, por ejemplo, los palos telescópicos, para poder hacer las tareas de limpieza desde el suelo.

- En el caso de que lo anterior no sea posible, se utilizarán los elementos elevadores que tengan la mayor superficie de apoyo posible, limitando el uso de las escaleras de tijera a las tareas de corta duración.

- Nunca deberán utilizarse elementos inestables como sillas, cajas mesas, etcétera.

- No deberán utilizarse elementos elevadores si padecemos algún tipo de enfermedad o consumimos medicación que pueda generar mareo o pérdida de equilibrio.

- En el caso de que sea imprescindible el uso de escaleras, habrá que extremar la precaución para evitar el deslizamiento de la misma por un mal apoyo. Está también contraindicado que la escalera se apoye en otro elemento para ganar altura. La escalera, si se apoya sobre una pared, deberá hacerse con la inclinación suficiente como para evitar la caída una vez que estemos sobre ella.

- No deberá utilizarse por más de una persona a la vez y no se recomienda subir ni bajar transportando algún tipo de carga que comprometa la seguridad del trabajador.

- Cuando la escalera que se utilice sea de tipo tijera, se deberá abrir totalmente.

- Para las escaleras de dos bandas, las correas de sujeción y las zapatas antideslizantes tienen que estar en perfecto estado.

- Si se trabaja sobre una altura superior a tres metros, hay que utilizar cinturón anticaídas.

3.4.2. El uso de andamios

Los andamios tienen que estar homologados según las leyes de la Comunidad Europea y el personal montador tiene que estar acreditado a través de una formación previa.

Para prevenir los accidentes de trabajo relacionados con el uso de andamios, se llevarán a cabo las siguientes recomendaciones:

- La superficie sobre la que se instalen los andamios debe estar lisa y nivelada. Para compensar los posibles desniveles se deben utilizar las patas reguladoras.

- La base desde la que se realice el trabajo debe poseer una doble barandilla y un rodapié.

- Si los andamios son muy elevados, se deben sujetar a superficies estables.

- Para estar sobre un andamio es obligatorio el uso del cinturón anticaídas, con su correspondiente línea de vida.

3.4.3. El uso de elevadores

En la limpieza de cristales es frecuente la utilización de elevadores tipo cesta. Su utilización es muy cómoda y sencilla, aumentando la productividad del trabajador, pero, como contrapartida, su uso implica la utilización de una serie de medios que eviten accidentes. Se ofrecen los siguientes consejos de seguridad:

- Verificar el estado del equipo, haciéndolo subir y bajar antes de utilizarlo.

- La carga debe quedar repartida sobre la cesta, respetando los pesos máximos.

- Las subidas y bajadas de la cesta deben hacerse con la plataforma totalmente parada.

- No debe utilizarse en condiciones climatológicas adversas como fuerte viento, lluvia, etc.

- Se debe hacer uso de los equipos de protección individual.

3.5. Conocer y aplicar medidas de seguridad ante la presencia de personas en el entorno de trabajo

La presencia de personas en el entorno de trabajo es una cuestión para tener en cuenta, más aún si los trabajos que se realizan son en altura.

Se deben organizar las tareas en función de los horarios de trabajo del personal, teniendo en cuenta tomar las medidas oportunas para evitar accidentes. Algunas de estas medidas son las siguientes:

- Cuando se utilicen escaleras o sistemas elevadores, se delimitará el espacio para evitar el paso cercano de personas.

- Se debe señalizar los trabajos con cintas de baliza.

- Si los trabajos se realizan en el exterior, se deberá cortar el tráfico desviándolo. Esto se debe comunicar a las autoridades competentes.

- Las herramientas que se utilicen en altura deben estar aseguradas de caídas, al igual que los productos químicos, evitando así el riesgo de accidentes para los transeúntes.

EN ESTE CAPÍTULO HEMOS APRENDIDO:

- Las obligaciones y derechos de los trabajadores y empresarios en materia de prevención de riesgos laborales.

- Los riesgos derivados de la limpieza de cristales provienen del uso de materiales, de la fisionomía del edificio y de las condiciones de trabajo.

- Los equipos de protección individual están formados por: gafas, casco, chaleco, arnés de seguridad, botas, mascarillas, guantes y protectores de oídos.

- Para el trabajo en entornos donde haya presencia de personas, es imprescindible señalar y limitar el espacio de trabajo para evitar accidentes de otras personas.

- Para el uso de los andamios y elevadores, se necesita que el personal esté formado y que se respeten las normas de seguridad, como, por ejemplo: no utilizarlos en zonas que no estén niveladas, tener precaución cuando las condiciones meteorológicas sean adversas, tener la formación necesaria para utilizar estos medios y siempre revisar su estado antes de usarlos.

ACTIVIDADES

EJERCICIOS DE REPASO Y AUTOEVALUACIÓN

3.1. ¿Qué es un riesgo laboral?

3.2. ¿Cuáles son los riesgos mecánicos mencionados en el texto?

3.3. ¿Qué obligaciones tiene el trabajador según la normativa sobre riesgos laborales?

3.4. ¿Qué tipos de accidentes se consideran daños derivados del trabajo?

3.5. ¿Por qué es importante conocer las condiciones de trabajo en relación con los riesgos laborales?

3.6. Explica las principales medidas de seguridad para trabajar con andamios en la limpieza de cristales.

3.7. Describe los diferentes tipos de factores de riesgo y cómo pueden impactar en la salud de un trabajador.

3.8. ¿Cuál de los siguientes riesgos está relacionado con la limpieza de cristales?

a) Riesgo físico por radiaciones.

b) Caídas desde altura.

c) Exposición a vapores de productos químicos.

d) Lesiones por sobreesfuerzo físico.

3.9. De acuerdo con el texto, ¿cuáles son las obligaciones del empresario para garantizar la seguridad de los trabajadores en el sector de la limpieza?

3.10. Analiza las condiciones laborales que pueden generar riesgos para la salud mental y física de los trabajadores en la limpieza de cristales.

GLOSARIO DE TÉRMINOS

Accidente de trabajo: lesión corporal sufrida por el trabajador como consecuencia del trabajo que realiza. Incluye también accidentes en desplazamientos laborales y trayectos casa-trabajo.

Andamios: estructuras utilizadas para alcanzar zonas elevadas. Deben estar homologados y ser utilizados con elementos de protección como cinturón anticaídas.

Condiciones de trabajo: características del puesto, incluyendo organización, horarios, formación, etc.

Daños derivados del trabajo: consecuencias negativas para la salud del trabajador, divididas en accidentes laborales y enfermedades profesionales.

EPI (equipos de protección individual): elementos que protegen al trabajador de uno o varios riesgos laborales. Ejemplos: casco, guantes, arnés…

Enfermedad profesional: alteración de la salud originada por exposición continua a condiciones ambientales del puesto de trabajo.

Factores de riesgo: condiciones que pueden generar un riesgo laboral (ej. suelos mojados, herramientas defectuosas).

Línea de vida: sistema de seguridad al que se engancha el arnés del trabajador cuando realiza trabajos en altura.

Mosquetones: enganches utilizados para fijar los cinturones anticaídas a la línea de vida.

Pértiga: herramienta de limpieza de largo alcance que puede causar golpes si no se manipula con precaución.

Prevención de riesgos laborales: conjunto de acciones destinadas a evitar que los riesgos laborales deriven en accidentes o enfermedades.

Protección colectiva: medidas de seguridad dirigidas a proteger a varios trabajadores a la vez (por ejemplo, barandillas, señalización).

Protección individual: medidas específicas para proteger a un solo trabajador (por ejemplo, EPI).

Rascavidrios: herramienta de limpieza que puede provocar cortes o caídas si no se usa correctamente.

Riesgo laboral: probabilidad de que un trabajador sufra daño como consecuencia del trabajo que realiza.

Trabajo en altura: actividad que se realiza a más de dos metros del suelo y que implica riesgo de caída libre.